松下幸之助「困難を乗り越えるリーダー」になれる7つのすごい!習慣

Teruya Kuwabara
桑原晃弥 著

Oda Zenko
小田全宏 監修

笠倉出版社

はじめに
当たり前のことを当たり前にやる、を徹底した松下幸之助

「経営の神様」

一代で松下電器産業（現・パナソニック）を興した松下幸之助のことを、人はこう呼ぶ。

確かに、彼がわずか5人で立ち上げた会社は、今や売上規模7兆円超、従業員25万人を超えるメガ企業へと発展した。それゆえ、彼を名経営者として慕う経営者は少なくない。

実際、私はこれまでに多くの経営者と会ってきたが、社長室の書棚に松下幸之助の著作がズラリと並んでいる様を何度も目にしてきた。これほど多くの経営者に信奉されるリーダーは、おそらく松下幸之助ただ一人であろう。

それゆえ私たちは、彼はもともと大変な才能をもっていて、特別な人だから成功したのだと思いがちだ。しかし、実はそうではない。

彼の凄さはむしろ、「ないないづくし」だったからこそ「当たり前のことを当

たり前にやる、を徹底したこと」にある。

「当たり前のことを当たり前にやる、を徹底した」とはどういうことか？

そこにいく前に、松下幸之助の独立までの歩みを見てみたい。

明治27年（1894）、和歌山県で8人兄弟の末子として生まれた松下幸之助は、4歳の時に父親が米相場で失敗したことで貧乏のどん底に落ちている。

小学校を4年で中退して、火鉢屋に丁稚奉公しているほどだから、その困窮ぶりはよくわかる。

兄弟なども早くに亡くしているため頼るべき身内もなく、学歴もない。

さらに身体も弱く、20歳の時には肺尖カタルにかかり、長期療養を余儀なくされる。そこで勤めていた大阪電灯を退社して、22歳で独立、改良ソケットの製造販売を開始した。起業の動機は、高邁な理想などではなく、「明日食べるものの心配をしなくてもいいようになりたい」というものだった。

さらに、独立してからソケット製造に必要な練り物の技術を学んだほどだから、技術力もさほど持ち合わせてはいなかった。

まさに学歴なし、人脈なし、お金なし、技術なし、さらには「頑健な身体」なしの「ないないないないづくし」からのスタートであった。

ここまでの松下幸之助を見て、彼の未来の成功を予見できた人はどれくらいいるだろうか?

実際、松下幸之助自身、独立当初は大きな夢など抱いてはいなかった。にもかかわらず、その後、彼自身が驚くほどの成功を遂げることになった。

それを支えたのは、「一を二とし、二を三として一歩一歩進んでゆけばついには彼岸に到達するだろう」という愚直で地道な歩みである。また「ものに強い執着を持って、決して軽々しく諦めてはならない」という精神的な強さだった。

いわば、人は何一つ恵まれたものを持たなくとも、日々地道にがんばる力と強い精神力さえあれば、世界的大企業さえつくることができるのである。

だからこそ、松下幸之助の生き方はドラマチックであり、その著書は今も読む人に勇気を与えるのだろう。

また、松下幸之助が語る理念や哲学は、決して難しいものではない。

「雨が降れば傘をさす」に代表されるように、ごく当たり前のことを当たり前にやろうというものばかりである。

では、なぜ多くの人がそれを実行できないのか?

当たり前のものは、当たり前すぎて飛びつきにくいからである。目新しく奇抜

な方法ではないため、人はつい「当たり前」を疎かにしてしまうのだ。

それゆえ、当たり前のことを当たり前に、しかも徹底してやり抜くことはとても難しい。

２０２０年は、新型コロナウイルスの世界的流行により、多くの人や企業が苦しい日々を余儀なくされている。

それはそのまま、リーダーの苦難と言い換えることができる。なぜなら人は、誰しも自分自身のリーダーであり、誰かのリーダーでもあるからだ。

そして、もし今の自分に「何もない」と思うのなら、松下幸之助と比べてみるといい。恐らく若き日の松下幸之助よりは、多くのものをもっているはずだ。

人は何はなくとも強い気持ちをもち、日々地道に愚直に当たり前のことを徹底すれば、必ず未来を切り開くことができる。

本書が皆さまのお役に少しでも立つことがあれば、これに勝る幸せはない。

本書の執筆と出版には笠倉出版社の三上充彦氏と新居美由紀氏、そして企画編集のＯＣＨＩ企画・越智秀樹氏・美保氏にご尽力いただきました。心より感謝申し上げます。

桑原晃弥

松下幸之助「困難を乗り越えるリーダー」になれる7つのすごい！習慣　目次

第4章　商売の心得

第5章　道を切りひらく

第6章　経営のコツ

第7章　人生で本当に大切なこと

松下幸之助略年表

1894年	明治27年	0歳	11月27日、和歌山県海草郡和佐村で3男末子として生まれる
1899年	明治32年	5歳	父が米相場に失敗、家産を失う
1904年	明治37年	10歳	小学校を4年で退学、大阪市南区八幡筋の宮田火鉢店へ奉公
1905年	明治38年	11歳	大阪市東区淡路町の五代自転車商会に奉公
1910年	明治43年	16歳	桜セメントに臨時就職、10月大阪電灯に内線見習工として入社
1913年	大正２年	19歳	関西商工学校夜間部予科に入学
1915年	大正４年	21歳	井植むめのと結婚
1917年	大正６年	23歳	電灯用改良ソケットを生産するため工場を創設
1918年	大正７年	24歳	松下電気器具製作所（北区大開町）として、碍盤、ソケットの製造・販売を行う。 アタッチメントプラグ、二灯用差し込みプラグなど開発
1933年	昭和８年	39歳	事業部制を導入
1945年	昭和20年	51歳	終戦の翌日、従業員に平和産業への復帰を宣言
1946年	昭和21年	52歳	松下電器労組結成。財閥、制限会社、財閥家族の指定を受ける。PHP研究所創設
1947年	昭和22年	53歳	井植歳男独立、三洋電機製作所創立
1948年	昭和23年	54歳	従業員に経営危機を訴える
1949年	昭和24年	55歳	負債10億円となり、物品税の滞納王と報道される。株式上場
1950年	昭和25年	56歳	経営再建声明、諸制限解除。事業部制復活
1952年	昭和27年	58歳	オランダ・フィリップス社と提携
1956年	昭和31年	62歳	年商800億円を目標とする5ヶ年計画発表
1960年	昭和35年	66歳	「5年後に週5日制」導入を表明。カラーテレビ発売
1964年	昭和39年	70歳	熱海会談（全国販売会社代理店社長懇談会）。 営業本部長代行となり第一線復帰
1965年	昭和40年	71歳	「ダム経営論」を発表。週5日制を実施
1968年	昭和43年	74歳	創業50周年
1973年	昭和47年	79歳	会長辞任、相談役に
1979年	昭和54年	85歳	松下政経塾を設立
1989年	平成元年	94歳	4月27日、94歳で永眠

※年齢は、その年の年末における年齢

〔松下幸之助参考図書一覧〕

本書の執筆にあたっては、下記の書籍や雑誌を参考にさせていただきました。厚く御礼申し上げます。
また、多くの新聞やウェブサイトも参考にさせていただきましたが、煩雑を避けて割愛させていただきます。

『松下幸之助成功の金言365』松下幸之助著、PHP研究所編、PHP研究所

『松下幸之助発言集ベストセレクション』松下幸之助著、PHP研究所
　　第一巻「商売は真剣勝負」
　　第二巻「経営にもダムのゆとり」
　　第三巻「景気よし不景気またよし」
　　第四巻「企業は公共のもの」
　　第五巻「道行く人もみなお客様」
　　第六巻「一人の知恵より十人の知恵」
　　第七巻「商品はわが娘」
　　第八巻「強運なくして成功なし」
　　第九巻「正道を一歩一歩」
　　第十巻「社員は社員家業の社長」

『実践経営哲学』松下幸之助著、PHP研究所
『商売心得帖』同上
『社員心得帖』同上
『人生心得帖』同上
『経営のコツここなりと気づいた価値は百万両』同上

『わが歩みし道　夢を育てる』同上
『指導者の条件　人心の妙味に思う』同上
『素直な心になるために』同上
『物の見方考え方』同上
『わが半生の記録　私の行き方考え方』同上
『松下幸之助　夢を育てる』松下幸之助著、日本経済新聞社
『エピソードで読む松下幸之助』PHP総合研究所編著、PHP研究所

カバーデザイン：池上幸一
ＤＴＰ：朝日メディアインターナショナル（株）
イラスト：久保久男
企画・編集：越智秀樹・美保（ＯＣＨＩ企画）

第1章

リーダーの心得

第1話 自分のことばかり話すリーダーはなぜうまくいかないのか？

リーダーに必要なのは、常に「何かを引き出そう」という姿勢

松下幸之助は、無類の「聞き上手」として知られている。

「経営の神様」と呼ばれるほどの大経営者となってからも、若い社員の話に真剣に耳を傾け、自ら質問をして、もっと話すように促していた。

聞き上手のところには、たくさんの人が集まり、たくさんの情報が集まってくる。

幸之助に成功をもたらしたものの一つは、類いまれな「聞く力」だった。


そんな幸之助がある時、地方にある取引先の工場を訪ねた時の話だ。

工場を30分ほど見学し、社長や工場長と10分ほど話をして帰路についたが、その車中で幸之助は随行していた幹部にこう言った。

「君、あそこの会社、経営はあまりうまくいっていないいな」

まさにその通りだったが、驚いた幹部がその理由を尋ねると、幸之助はこう答えた。

「さっきのあの社長さん、自分ばかりしゃべ

うまくいくリーダー、いかないリーダーの決定的な差

りはったな」

幸之助と先方の社長の力量の差は、歴然としていた。幸之助はその時すでに「経営の神様」であったが、一方は経営がうまくいっていない経営者。

だとすれば、経営者として幸之助に聞かなければならないことはたくさんあったはず。なのに、自分の話ばかりして終わってしまっている。

「自分は何でも知っている」と思うことは、衰退への第一歩だ。**幸之助がそうであったように、人はいくつになっても好奇心旺盛で、常に学びの姿勢をもち続けることが大切だ。**

せっかく人と会うのなら、**「何かを引き出そう」「何かを聞き出そう」という姿勢をもち続けることが、成長につながるのだ。**

第2話

人を使う時のコツは「任せて任さず」

任せてはいても、頭の中では常に気にしておくこと

松下幸之助は、まだ会社が小さい頃から、「お得意様に**『君の所は何をつくっているのか』と尋ねられたら、『松下電器は電気製品もつくっていますが、その前にまず人をつくっているのです』と答えなさい**」と社員に教えていた。

つまり、事業の発展において最も大切なものは「人づくり」であると信じていたのである。

そして、「人づくり」に欠かせないものの一つが「正しい経営理念」であり、もう一つが思い切って仕事を任せることだと考えていた。

何でも上司が指示をしてしまうと、言われたことしかできない人間になってしまう。

必要なのは、**自分でいろいろ考えて仕事ができる人間だ**。

そのためには思い切って仕事を任せ、やらせてみなければならない。しかし、かといってすべてお任せの「丸投げ」ではダメで、

「人づくり」のコツは「任せて任さず」

丸投げ型リーダー
全部任せるよ
ハイ!!
計画書提出後
なんかちがうんだよなぁ……
え〜全部任せるって言ったのに……
新規プロジェクト
「任せて任さず」型リーダー
新規プロジェクト案を任せる
途中経過を報告してくれ
ハイ!!
計画書提出後
とてもいい案だ
図があるとさらにわかりやすくなるな
指示が明確でわかりやすい
新規プロジェクト

「任せてはいるけれども、頭の中では気にしている」ことが重要だった。

リーダーが、時に報告を求め、問題があれば適切な助言や指示をすることで人は育つ。それが幸之助の言う「任せて任さず」だ。

経営は「人次第」である。

だからこそ、仕事を任す方も任される方も真剣勝負であることが重要になる。

そして、仕事を任せる以上、任せた方は任せながらも強い関心をもち、任せられた方もその責任を自覚して真剣に仕事に取り組む。

そうした真剣さがあって初めて人は育ち、事業を発展させることができるのだ。

第3話

できるリーダーは「教えてもらう」のがうまい

半分は先輩から教えてもらう、半分は部下から教えてもらう

会社では、後から入ってきた人間に仕事を教えるのは先輩やリーダーの役割である。

しかし、いつもいつも先輩が後輩に教えるだけかというとそうではない。

今日《こんにち》のように技術の進歩が速いと、場合によっては先輩やリーダーより後輩のほうが詳しいということもある。そんな時、後輩や部下に「教えてくれる？」「この件は君のほうが詳しいから知恵を貸してほしい」と言えるかどうかが、リーダーの度量になる。

松下幸之助はこう言っている。

「半分は先輩から教えてもらう、半分は部下から教えてもらう、その二つの教えを自分が消化して、自らそこにものを求めていく」

たとえば、能力的には同じくらいの2人のリーダーがいて、1人のリーダーの下では部下がよく育ち、生き生きと仕事をしているのに、もう1人のリーダーの下では何となく人が育ちにくく活気がない時。

その違いは部下の言葉に耳を傾けるかどうかが、リーダーの度量になる。

部下から教えてもらえるリーダーになれ

今度の
キャンペーンも
ハガキで応募を
受け付けよう
待ってください。
インターネットで
受け付けては
どうでしょう
部下の言葉に耳を傾けないリーダー
部下に教えてもらうのがうまいリーダー
今まで通り
やっておけば
いいんだ!
これから余計な
ことを言うの
やめておこう
君、インターネット
詳しそうだな。
知恵を貸してくれないか
もちろんです!!

かだというのだ。

部下が提案を持って来た時、「そんなことを考えてくれたのか。君は熱心だな。結構なことだ」と耳を傾ければ、部下は「もっとがんばろう」という気持ちになるが、「いや、君、そんなのダメだ」と聞こうとしなければ、「何を言っても聞いてくれないから、やめておこう」となってしまう。

部下が育つかどうかは、**「耳を傾ける」「意見を言わせる」「自主的に考えてもらう」といった姿勢が上司にあるかどうかで決まる**。

同時に部下に「教えてもらう」姿勢も欠かせない。自分に足りないものがあり、それが部下にあるとすれば素直に教えてもらえばいい。大切なのは何をなすべきかであり、共に助け合い、高め合うことだ。

第4話

リーダーに最も必要なもの、それは「素直な心」

「素直な心」＝「ものごとを私心なくありのままに見る心」

リーダーがものごとを進めていく上で一番根本になるものは何かというと、「素直な心」だ、というのが松下幸之助の考え方である。

「素直な心」というと、何でも人の言うことを聞いて素直に従う、というイメージをもつ人がいるかもしれないがそうではない。

幸之助の言う「素直な心」とは、**「私心なくくもりのない心」であり、「ものごとをありのままに見ようという心」である。**

とはいえ、ものごとをありのままに見るというのはとても難しい。

人間は、どうしても自分の主観が入ってしまう生き物だからだ。

同じ四角のものを見ても、ある人には四角に見えるものが、別の人には三角に見えることがある。このように、自分の主観を入れすぎると、ものごとの実相を捉えるのが難しくなるのだ。

そこで大切なのが、**「素直な心」である。**

たとえば、世間の声や部下の言葉に耳を傾

くもりのない素直な心でありのままを見よ！

け、今起きていることを自分の主観を排して素直に見るようにする。

すると、「何をなすべきか、何をなさざるべきか」が自ずと判断できるようになるというのが、幸之助の言う「素直な心」である。

では、どうすれば「素直な心」になれるのだろうか？

それは毎日、朝起きた時に「今日も素直な心でものごとを見ていこう」と心に言い聞かせることだ。

社員同士でも互いに「素直な心になりましょう」と声をかけ合う。

会議の前には「素直な心で検討しましょう」と口に出す。

こうした日々の積み重ねがあって初めて「素直な心の初段」になることができるのだ。

第5話 リーダーになって成功する人、しない人、その差はココだ

失敗する人には「私」があり、成功する人には「私」がない

松下幸之助の仕事の任せ方は、短所より長所を見るというものである。

そして、100%ではないが、「この人に任せれば大丈夫そうだな」という見通しが立てば、思い切って任せるというものである。

こうした大胆な人の使い方もあり、大きな成果を上げたのが昭和8年（1933）、幸之助が日本で初めて導入した事業部制である。

本社に集中していた権限を各事業部に委譲して、任せた本部長たちがあたかも会社の経営者であるかのように、権限と責任をもって運営するというのが事業部制である。

幸之助の人選は、事業部長を含め、概ねうまくいっていたが、時には失敗することもあった。

人物を見込んで任せたはずなのに、「なぜあのしっかりした男がうまくいかないのだろう？」と考えた幸之助は、こんな答えを出している。

「私」で仕事をすると、うまくいくものもいかなくなる

「同じしっかりしている人で成功する人と失敗する人は、結局はどこが違うのかをせんじつめていくと、失敗するほうには『私』というものがあるのですな。一方、成功する人には『私』というものがありません」

　重大な決断をする時、心のどこかに「自分のためにどちらが得か」といった気持ちがあると、迷って決しかねたり、間違った選択をしかねない。

　しかし、**自分を脇において「全体のため」を考えるとやるべきことが見えてくる。**

　たとえ自分の利益にはならなくても会社の利益、社会のためになるとすればそちらを選ぶ。

　その決断が、最終的には自分のためにもなるのである。

第6話

部下からの協力を得るには先手を打つべし

今この瞬間を生きるのは大切だが、「先を見る」姿勢も大切

企業経営者にとって、「後追い」や「横並び」は楽でいい。

リスクも小さいし、何より「他社がやっている」と言えば、反対者も出ないからだ。

松下幸之助が昭和35年（１９６０）に「５年後に週休２日制を導入する」と提唱した時、その実現を信じる者はいなかった。

それどころか目標の5年後にあと2年と近づいた昭和38年頃になると、当初は賛成していた労働組合から反対意見が出始めた。

理由は「そんなうまい話はない」というものだった。

労働組合は、給料も待遇も従来通りなのに1日余分に休めるというのは「何か裏があるに違いない」と勘ぐってしまったのである。

しかし、幸之助には「国際競争に勝つためには、能率を上げていく必要がある。そのためには、アメリカのように週5日働いて2日休むようにしなければならない」という思いがあった。

先手を打つと協力が得られ、ものごとが成功しやすくなる

昭和 35 年
5年後に
週休2日制を導入する!!
ザワ
ザワ
ザワ
本当に
できるのか?
昭和 38 年
週休2日制には
反対です!!
何か裏が
あるに違いない
労組
2日の休みを「1日休養
1日教養にあててほしい」
なるほど!
労組
会社の経営は
先手先手を
打つことが
不可欠なのだ

幸之助は労働組合に対して誠意をもって説明するとともに、会社と組合の双方から委員が出て、週5日制への移行について具体的な検討を行うよう指示した。

2日間の休みを「1日休養、1日教養」にあてることで、仕事だけでなく、人間としても成長してほしいという思いを伝えたのだ。結果、幸之助の約束通りに実施されることとなった。こう話している。

「会社の経営も先手先手を打っていかねばならない。そのことが、全員の理解と協力を生み、一見、夢に思えることでも実現できるのである」

今は生きるのに大変な時代だが、絶えず「先を見る」姿勢はもっておきたいものだ。

第7話

「それは私の責任です」と言い切れるか？

できない理由を言い訳にしているうちは、リーダーではない

近年の傾向として「責任の所在」が曖昧《あいまい》になったり、責任をとるべきところで誰も責任をとらないといったことがよくある。

本来ならトップが責任をとるべきところを、「自分は知らなかった」「任せていた」と言って、部下や部署の責任にしてしまう。

果たしてこれで組織はうまく回っていくのだろうか？

ある部署の業績が思うように上がらない時、担当部長の中には「どうも適当でない課長がいて」などと部下に責任を転嫁する人がいるが、「部長にそのような言い訳が許されるのか」というのが松下幸之助の考えである。

百歩譲って事実がそうだとしても、課長が本当にダメなら交代させなければならないし、会社にそのように働きかける必要がある。つまり、部の運営がうまくいくかいかないかは、「私1人の責任である」という覚悟がリーダーには必要なのだ。

責任者は文字通り責任をとるためにいる

会議における決定でも同じだ。

たとえ多数決で決まったことであっても、部の責任者として「これは良くない」と判断したら断固としてやめさせなければならない。まかり間違っても「みんなで決めたことだから」などとほかに責任を転嫁するような言い訳は許されない。

リーダーに必要なのは、いったん「これをやる」と決めたら、すべてを自分が背負う覚悟である。

「それは私の責任です」と言い切れてこそ責任者たり得るわけで、その覚悟がない者は責任者の職を辞さなければならないというのが幸之助の考え方である。

地位ある者には権力だけでなく、その責任を一身に負う義務と覚悟が求められる。

第8話

リーダーは自分がラクをするためではなく社会のために人を使う

「自分のため」「私欲のため」に部下を使うな

かつてある企業のワンマン経営者が、「社員は365日24時間会社のことを考えろ」と言って顰蹙《ひんしゅく》を買ったことがある。

もちろん社員が、自主的にそうするのなら問題はない。

しかし、この経営者の言いたかったことは、「俺が給料を払っているのだから、休みだの勤務時間外だの言わずに始終仕事のことを考えろ」ということだった。

ブラック企業に共通するのは、「給料を払ってやっているのだから文句を言わずに働け」という姿勢である。

そこに「社会のため」「世間のため」といった考え方はない。

一方、松下幸之助の人に対する考え方はこうだ。

「形の上では、経営者が人を雇い、上司が部下を使っているようであっても、実際は、企業としての公の使命を達成していくために、それぞれに必要な仕事を分担しているという

「何のために仕事をするのか」で社員のやる気は大きく変わる

「自分のため」に社員を雇うリーダー
毎月給料を払ってるんだ
24時間365日会社のことを考えろ
「24時間働け」なんてひどい!
こんな会社やってられない
「世のため」「人のため」に社員を雇うリーダー
お客様により良い製品を提供する
それを通して世の中に貢献する
この会社に入って良かったよ
良い製品をつくって世の中の役に立とう

ことになる」

街の小さなお店が人を1人雇うのも、大企業が何万人もの社員を雇うのも全く同じである。

そこにあるのは、「自分がラクをしたい」とか、「上司として部下を使いたい」という気持ちではなく、**お客様により良いサービスを提供したり、より良い製品をつくることで世の中を良くしたい、といった「公の使命を達成するために」という姿勢でなければならない**。

最も恥ずべきは「自分のため」「自分の利益のため」などと勘違いをして、人を乱暴に扱い、人をムダ遣いすることなのだ。

第9話 成功するのは頭のいいリーダーではない。人情の機微を知っているリーダーだ

人情の機微を知らなければ、働く者の心をつかむことはできない

一国のリーダーや、企業のトップを務めるほどの人であれば、頭の良さや人柄の良さ、人間としてしっかりしていることが当然のように求められる。

しかし、松下幸之助によると、「なるほど立派な人や、何となく尊敬できる」だけでは、国も企業も発展しないというのだ。

というのも、見るからに頭のいい立派な人で、言うことも筋が通っている人の会社がうまくいっているかというとそうではなく、個人としてそう立派でもなく、話してもそんなに優れた人だとは思えない人が経営者としてうまくいっているケースがあるというのだ。

では、うまくいくリーダー、いかないリーダーの差はどこにあるのだろうか?

幸之助は、こんな言葉を遺している。

「**うまくいく会社の経営者は、どこかで人情の機微をつかんでいる。そして人と共に働くということに一つの達見を持っている**」

流暢な話をすることはできないけれども、

どんなに頭が良くて筋が通っていても人の心を知らないリーダーは成功しない

頭がいいだけのリーダー
今期の君のKPIの達成度は80%
来期は90%以上を目標にやってくれ
……
うちの課長、言うことは正しいけど、数字ばっかりなんだよな……
人情の機微をつかんでいるリーダー
今度子どもが産まれるんだってな、おめでとう!
ありがとうございます!!
プライベートのことまで気にかけてくれる。仕事がんばろう!

どことなく味があり信頼できる人がいるように、「一見うかがい知れないもの」をもっている人こそがリーダーとして、経営者として成功するというのが幸之助の考え方だった。

では、「うかがい知れないもの」とは何か。

それは、「塩をねぶった（なめた）味を知っている」、つまり**「取引の味わい」を知り、人情の機微、働く者の心を知っているということだ**。

塩の辛さは、なめた人のみが知るものであり、なめたことのない人にその辛さはわからない。

これと同じで、本当の人間生活を知っている人だけが経営者として、リーダーとして成功することができるのだ。

第10話 困難に直面した時、リーダーが絶対やってはいけないこと

リーダーの心の内は、社員に伝染する

スポーツの指導者に求められるのは、プレーしている選手を信じる気持ちだという。

指導者が心の中で不安を抱いていると、それは選手にも伝染するし、負ける原因にもつながる。だから指導者は、どんな時も選手を信じ、勝利を信じることが大切になる。

松下幸之助も、戦いに臨む時の大将の心構えは「よし、この戦、きっと勝ってやろう、勝つんだ、勝てるんだ」でなければならないと考えていた。

そしてそれは、商売や経営にも同じことがいえるとして、こう述べている。

「**何か非常な困難に直面したという場合、この困難をきっと乗り越えてやろう、乗り越えられると思いこむことがまず大切で、そういうことなしにその困難を克服することは極めて難しいと思います**」

たとえば不況で仕事がない時も下を向くのではなく、「仕事がなければ明日1日休もう、しかし、ただ休んではいけない。相撲をとっ

困難な時こそ、みんなの気持ちをまとめて前を向かせる

困難を乗り切れないリーダー　VS　困難を乗り切れるリーダー

て力を養い、勇気を鍛えよう」「休んでも仕事の腕を落としてはいけない。腕を磨くためには、外で鉄でも拾ってきて、ヤスリをかけよう」などと社員の士気を鼓舞することが大切だ、というのが幸之助の考え方だった。

逆にリーダーがシュンとして、部下と一緒になって「困ったなあ、もうダメだ」などと言うようでは社員の意気はさらに消沈し、事態は悪化の一途をたどることになる。

リーダーには部下の耳目が集まっている。だからこそ、**どんな時も旺盛な経営意欲と希望をもち続けなければならないのである**。

リーダーに求められるのは、ピンチの時にみんなの気持ちをまとめて前を向かせることである。

諦めたらそこでゲームは終了なのだ。

第11話 部下が納得しない場合は、とことん話し合う

「相手の立場に立って率直に話し合えば必ず有無相通ずるものがある」

部下が何度言っても自分のいうことを聞かない時、納得しない時、ともすれば「こんな奴を相手にしても仕方がない」と諦めるか突き放してしまいがちだ。しかし、松下幸之助は自分の思いを伝えるためなら、何時間でも話し合おうという執念の持ち主だった。

そんな幸之助らしさが発揮されたものの一つが、昭和39年（1964）の熱海会談だ。

当時の日本は、五輪景気が東京オリンピックを境に終わり不況へと突入、多くの企業が倒産するなど危機的状況を迎えていた。

松下電器の販売会社や代理店も例に漏れず、黒字を出しているのは30社余りで、残りの170社は赤字に苦しんでいた。中には資本金の30倍の1億5000万円もの欠損を出している会社もあり、放っておけば松下電器も危機に見舞われかねない状況だった。

会長になって3年が過ぎた幸之助もこの危機を黙って見ていることはできず、急遽熱海

部下の得心がいくまで、とことん話し合う

で全国販売会社・代理店社長懇談会を開催することになった。しかし、参加者の口から出るのは「儲からん」「松下が悪い」という非難の声ばかり。幸之助は腹を括《くく》った。**「何時間かかってもいい、得心のいくまで話し合おう」**

ところが、2日の予定が3日目に入っても苦情は収まらない。

しかし、幸之助は「このまま終わってはいけない」と決して諦めなかった。幸之助は松下の非を認め、出直すことを約束した。

その姿勢に感銘した参加者の半数以上はハンカチを出して涙を拭き、「しっかりやろう」と心が一つにまとまった。**「相手の立場に立って率直に話し合えば必ず有無相通ずるものがある」**が幸之助の感想だった。

第12話

リーダーが部下を頼ることは、自ら手本を示すのと同じくらい重要

部下を信じ、部下を頼り、部下に知恵をもらうリーダーになれ

かつてトヨタのある課長が、「改善の神様」と呼ばれた大野耐一《おおのたいいち》から難しい課題を与えられ、即座に「できません」と答えたところ、大野が烈火のごとく怒りだしたことがある。

理由は「お前には多くの部下がいる。人間は真剣になれば、どれくらい知恵が出るかわからん。なのに部下たちの知恵を全く無視して、できませんとは何事だ」というものだった。

松下幸之助は「責任はわれ1人にある」と言うほど、トップとしての責任を重んじたが、何でも自分で決めるワンマンではなかった。

上に立つ人間には確かに率先垂範《そっせんすいはん》が求められるが、現実の仕事は1人ではできないし、1人で四方八方に目を配ることは不可能だ。1人の知恵には限界がある。

幸之助によれば、部下を頼り、部下を力として、それぞれの部下に、それぞれの責任で、それぞれの立場で仕事をしてもらう方が

部下の数だけ「知恵」がある

うまくいく。

たとえ難しい課題を前にしても、責任者が「これは必ずできる」という覚悟をもち、10人なら10人いる部下を集めて、「これはこういうことでやりたいと思う。諸君、やってくれるか」と責任を引き受け先頭に立つ。そうすれば、部下も「大いにやりましょう」と一致団結してくれる、というのだ。

大切なのは、**リーダーがみんなの知恵と力を引き出すように配慮することだ**。

リーダーには確かに才能も才覚も求められるが、それ以上に、部下を信じ、部下を頼り、自分の力に部下の知恵とやる気を加えること。そこで初めて大きなこと、困難なことも乗り越えることができるのだ。

第13話

人を見る力は、長所に7割、短所に3割使う

欠点や弱みに目がいきがちなのが人間

「人が成果を上げるのは弱みではなく強みによってである」ということはわかっていながら、人を見る時につい弱みや欠点にばかり目がいくのが人間である。

実際、欠点というのは目に付きやすい。

あるコンサルタントが中小企業の経営者に「御社の長所を教えてください」と尋ねたところ、あがってきた長所は2～3つなのに対し、欠点は10個以上あがってきたという。

自分の会社でさえそうなのだから、他人の欠点をあげるくらい人間にとって簡単なことはない。

しかし、そんな風に短所ばかりを見ていては人は育たないし、仕事を任せることはできない。松下幸之助はこう言っている。

「つとめて社員の長所を見て短所を見ない」

「長所を見ることに7の力を用い、欠点を見ることに3の力を用いる」

もし社員の短所ばかりを見ていたら、安心して人を用いることはできないし、仮に任せ

長所に注目してこそ成果が上がる

たとしても「失敗しないだろうか」と心配でおちおち気が休まることはない。

それよりも長所や才能に目を向ければ、「あいつならやるだろう。あいつはこんなところがうまい。主任は務まるだろう。部長にしてもよかろう。一つの会社の経営を任せても大丈夫だろう」と思い切って任せることができる。

結果、任された方も意気に感じて力を養い大きく成長することになる。

人を見る時には、なるべくその人の長所を見るようにして、長所を活用するようにする。もちろん欠点があれば、それを直す努力も必要だが、**長所を見るに7の力を使い、欠点を見るに3の力を用いてこそ仕事を任せることができるし、人を育てることができる。**

第14話 リーダーの気迫、熱意が部下に伝染する

体は後方にあっても心は常に最前線においておく

昭和39年（1964）7月に熱海のニューフジヤホテルで開催された松下電器の全国販売会社・代理店社長懇談会（P34参照）が今も語り継がれているのは、そこにおける松下幸之助の真剣な姿勢、気迫に満ちた態度こそ経営者の鑑《かがみ》だったからである。

幸之助が社長を退任して会長に就任したのは昭和36年（1961）1月のことである。

社長を退いてすでに3年以上が経過しており、本来ならこうした会合を主催し、その陣頭に立つのは社長のはずだ。

しかし、幸之助は販売会社や代理店が景気の悪化により赤字経営に苦しんでいることを知り、陣頭に立つ決意をしている。

さらに幸之助は、事態を打開するために営業本部長代行となり、販売の第一線に立っているが、こうした姿勢こそが幸之助の言う「**体は後方にあっても、心は最前線にある**」だった。

世の中には「部下に任せた」となると、い

いざという時の姿勢は必ず伝わる

いことも悪いことも全て部下に任せ、問題が起きると「部下の責任」と逃げ出すリーダーがいる。しかし、幸之助は部下に任せる一方で、リーダーは「何かあればいつでも率先垂範する、身を挺して事にあたる」という気迫を持つことが重要だと考えていた。

リーダーに「仮に何かあったら俺が出ていく」という気構えがあれば、任される部下も、それをくみ取って大事に臨むことができる。

さらには、「自分は上司に代わってこの仕事をやり遂げてみせる」と懸命に取り組む人も出てくる。

部下に仕事を「任せる」ことは大事だが、同時に上司は共に闘っているほどの気迫をもって、部下を見守ることも大切なのである。

第15話 うまくいっていない部下には「見守る」ではなく具体的な指示を出す

任せた人間がしっかり結果を出せるよう手助けする

松下幸之助は、部下の長所を見て大胆に仕事を任せることを信条としていた。しかし、いざ抜擢してみると思うようにいかない時も当然あった。こんな言葉を遺している。

「**部下に任せた仕事を見て、『これはいかん』と思うたら、実際に指示せないかん。ただ『しっかりやってくれ』ではいかん**」

そこで幸之助は**叱咤激励するだけではなく、具体的な指示を出すようにしていた**。

たとえば、「**君はどこへ行って会社を見て**

「部下の仕事を見て、ただ、『がんばれ、がんばれ』しか言えないのはただの応援団」は、トヨタに伝わる言葉である。

応援団なら、がんばっている人を見て、「がんばれ、がんばれ」と言っていればいい。

しかし、現実に仕事を前に進めるためには、上に立つ人間が「もっとこうすればうまくいく」「こうやったら楽にできる」と改善ができなければならない、というのがトヨタの考え方だ。

任せた後も部下が結果を出せるようフォローする

来月から君も課長だな
頼んだぞ
ハイ!! 期待に応えられるようがんばります!!
「がんばれ」しか言わないリーダー
君に任せたんだからがんばってくれよ
課のメンバーが私の言うことを聞かないんです
具体的な指示ができるリーダー
面談をしてとことん話を聞くんだ。糸口が見えてくるぞ
課のメンバーが私の言うことを聞かないんです

こい、誰に会うて誰にこういうことを聞いてこい。それじゃ（そうすれば）、君よくわかるで」と具体的な指示を出すことで、壁にぶつかっている部下にヒントを与えたのだ。

うまくいかずに困っている部下に、「どうすれば解決できるか」というアドバイスもなく、ただ「うまくやってくれ」と叱咤するだけでは何の解決にもならない。

よくいわれることだが、がんばっている人への「もっとがんばれ」は「これ以上どうすれば」と相手を追いこむだけになる。「任せる」は「任せっぱなし」を意味しない。

任せた人間が、しっかり結果を出せるように手助けをしてこそ、本当の意味で「任せた」ことになる。

第16話 60％できそうだと思ったら、思い切って任せる

80％の人になってから任せる、では機を逸してしまう

ものごとを計画する時、すべての条件が整うまで待っていたら、たいていタイミングを逸してしまう。

ところが、多くの人は計画段階で失敗を恐れるあまり完璧主義になりがちだ。

完璧にとらわれるあまり、時機を逸し、後になって「あの時始めていれば」と後悔することになる。

完璧を目指していても、完璧になるとは限らない。完璧になるのを待っていては、何もできないのである。

つまり、事を成すには完璧を求めつつも、思い切りのよさも欠かせないのだ。

同様に人にも完璧を求めると、どんな人も採用できないし、任せることもできない。

そこで松下幸之助は、人を見る時に短所ではなく長所を見て、長所を活かすようにしていた。幸之助がそれをできたのは「**この人だったらだいたい60％ぐらいいけそうだと思ったら、もう適任者として決めてしまう**」とい

60％できそうなら思い切って任せる

う思い切りのよさがあったからだ。

もちろん理想は80％なのだが、そこまで人を育てるには大変な時間と手間がかかる。

それより、たとえ60％くらいの実力であっても思い切って任せてみると、仕事を通じてメキメキ力を付け、気づけば90％、１００％の人になっている。

仮に6人の人間がいて何かを任せる場合、3人は予想以上にうまくいき、2人は想定通り、残る1人は難儀だが、リーダーが手助けをする。そんな感覚だ。

だから仕事を任せる時は、**90％、１００％大丈夫な人ではなく、60％の人に思い切って任せてしまう。**

それだけで物事は機を逃さず挑戦できるし、案外良い成果につながるものだ。

第17話 成功のためには、虫の好かない部下にも頭を下げる

部下は私情にとらわれないリーダーの姿を見て働く

「適材適所」はよく聞く言葉だし、誰もがその大切さを理解していながら、本当の意味で適材を適所にというのはとても難しいものだ。

人間の常として「仕事はできるけれどもなんだか虫が好かない」部下と、「仕事はもう一つだけれど自分の好きな」部下のどちらを手元に置きたいかというと、どうしても後者の方を優先させたくなるものだ。

何より、「仕事はできるけれども虫が好かない」部下と働くのはなかなかに厄介だ。

実際、適材を適所にといいながらも自分の好きな部下、自分に忠誠を尽くしてくれる部下を要所要所に配置することで、自分の勢力範囲を拡大していく人も少なくない。

しかし、こうしたことを続けていると必ずどこかに無理が生じることになる。

松下幸之助は「**仮に虫が好かないと思っても、仕事のためには、この男がいなかったらこの仕事はできないという気持ちで頭を下げ**

リーダーは好き嫌いで仕事をするべからず

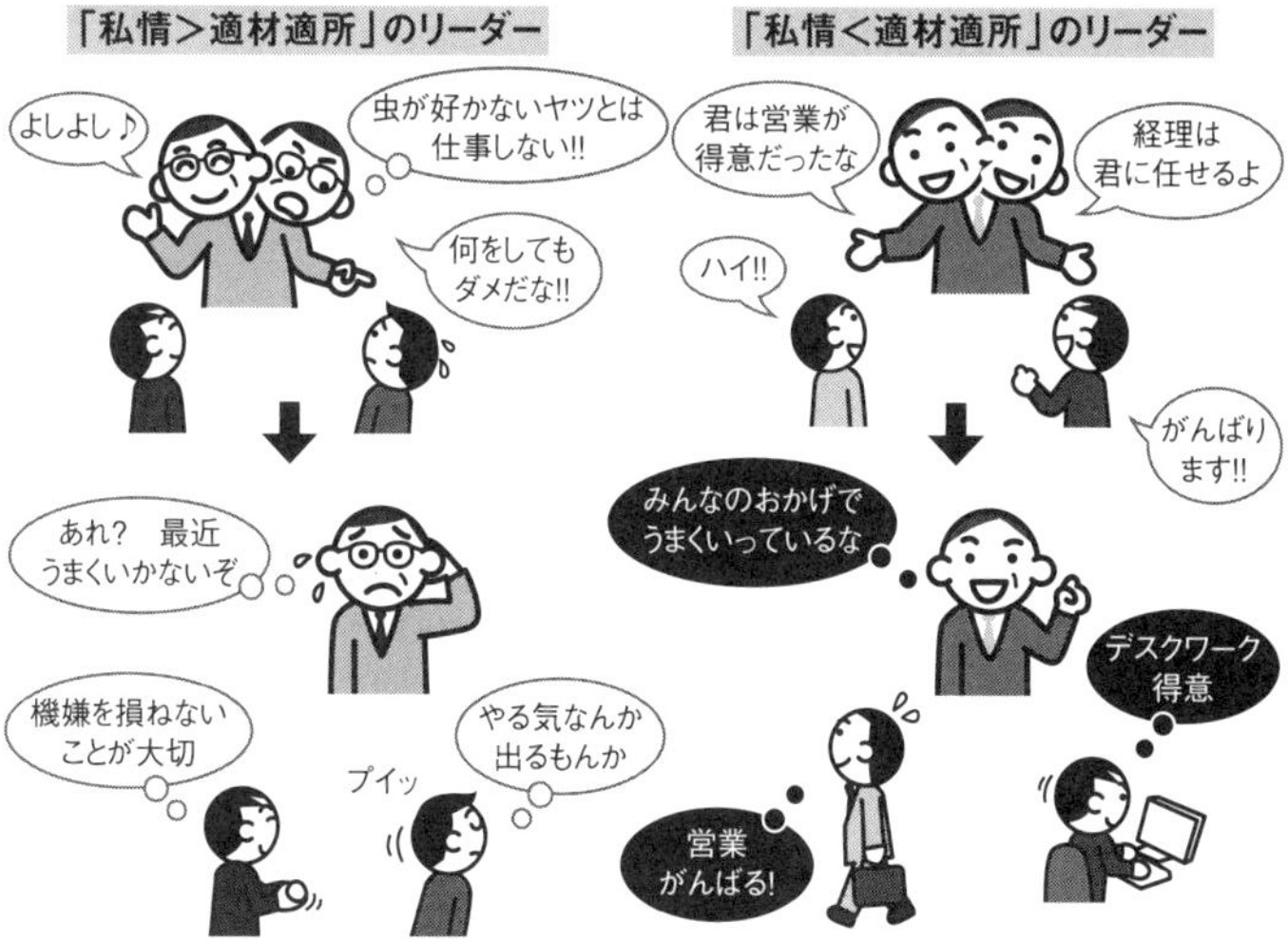

「私情＞適材適所」のリーダー
よしよし♪
虫が好かないヤツとは仕事しない!!
何をしてもダメだな!!
あれ？　最近うまくいかないぞ
機嫌を損ねないことが大切
プイッ
やる気なんか出るもんか
「私情＜適材適所」のリーダー
君は営業が得意だったな
経理は君に任せるよ
ハイ!!
がんばります!!
みんなのおかげでうまくいっているな
デスクワーク得意
営業がんばる!

る」と言っている。

人間の能力は決して固定したものではない。置かれた場所によって、10の能力の人が20の働きをすることもあれば、20の力がある人が10の働きしかできないことがある。

これなどは明らかに適材適所がなされていないわけで、企業が力を発揮するためには、人の配置やもっていき方に工夫をこらすことが必要だ。

そしてそのために、リーダーは私情にとらわれたり、好き嫌いで人事を行ってはいけない。

仮に虫が好かない部下であっても、仕事のためには、頭を下げる。

リーダーの私情にとらわれない姿勢を見て社員は納得し、協力する気になるのだ。

第18話 部下への姿勢は「命令する」ではなく「頼みます」

人は命令されるより、頼りにされる方が力が出る

「権限を振りかざして、頭ごなしに『やれ』と言えば、1回はやらせることができるかもしれないが、2回、3回と続けることは無理でしょう」は、ある企業の創業者が新しく管理職になった人に言い聞かせていた言葉だ。

管理職になったばかりの頃は誰もがはりきっている。それまでの働きが認められて出世した喜びもあるので、「力一杯仕事をしよう」とやる気にも満ちている。

しかし、それが先走りすぎて部下に頭ごなしに「ああしろ、こうしろ」と言ってしまうと、たちまち孤立してしまう。

そうならないためには、権限を振りかざすのではなく、地道な信頼関係づくりが欠かせない、というのが松下幸之助の考えだった。

「**偉いから人が動くというのでは知れている。協力してくれるということにならねば、偉大な仕事はできない**」

幸之助によると、10人や100人ぐらいなら命令でも動くが、1000人、2000人

「頭ごなし」では人は動かない

新管理職
よーし!!
がんばるぞ!!
頭ごなしに権限を振りかざすリーダー
信頼関係を大切にするリーダー
あーでもない、
こーでもない
あーしろ、
こーしろ
言われたことだけ
やっとこう
やる気なくすなぁ
知恵や工夫を得られない
どうか
頼みます!!
わかりました!!
私は営業が
得意です
みんなが知恵や工夫を出してくれる

となると、感激がないと動かない。さらに1万人ともなると、そこに「頼みます」という心根がないと、人は決して動かない。

それを忘れて権限や権力だけで動かせばどうなるか？

「言われたからやる」仕事は100の能力のうち80も出ればいいほうだ。「嫌々やる」では、そこに知恵も工夫もなければ、「何が何でも」という気持ちも生まれない。

人は命令されるより、頼りにされる方が力が出る。「知恵を貸してくれ」と言われればやりがいも生まれる。

そこに「この人のために」という気持ちがあれば、持てる以上の力を発揮する。偉大な仕事は「動かす」ではなく、「協力してくれる」になって初めて可能になるのである。

第19話

部下を叱る時は、「無我夢中」で叱る

私心や邪心を捨てて「素直に叱る」

人を育てる上で、「ほめる」と「叱る」は車の両輪である。ほめるだけでは、部下はいい気になるし、叱るばかりだと自信を失ってしまう。管理職にとっていつどのタイミングで叱るか、ほめるかほど難しいものはない。

松下幸之助は人を育てるためには思い切って仕事を任せ、自分の責任と権限において自主性をもった仕事ができる人間を育てなければならないと考えていた。

しかし、大幅に仕事を任せるとはいっても、「基本の方針」はピシッと押さえておかなくてはならないと話している。それを忘れて「任せたのだからあいつの自由にやらせよう」となってしまったら、それぞれが勝手にやって、全体がバラバラになってしまう。

権限は与えるが、そこには必ず一定の方針があり、それを踏まえた上で自分の裁量で動いてもらうというのが幸之助の言う「任せ方」である。と同時に、間違ったことを部下がやったとすれば「言うべきは言い、叱るべ

叱り方ひとつで部下は変わる

叱るのが怖い上司
今日も遅刻
してしまいました
わかった
厳しく言い
すぎると
嫌われる
からなぁ……
今日も遅刻
してしまいました。
スミマセン……
またか……
無我夢中で叱る上司
遅刻してしまいました。
申し訳ありません!!
君、何度目だ!?
遅刻は人としての
信頼を失うんだぞ!!
おはよう
ございます!!
おはよう!!
最近
遅刻しなくなったな

きは叱る」というのが、幸之助の考え方である。こう言っている。

「叱る時は無我夢中」

上司の中には、叱ることが苦手な人がいる。

叱ることで部下の反感を買うのが嫌だとか、後々関係性に困るからといって叱るべき時に叱らない。

あるいは、私情を交えた叱り方をする人もいる。どちらも管理職失格だ。

叱る時には無我夢中で叱る。

私心や邪心を捨てて、「素直に叱る」ことができれば、その真意は部下に伝わる。

人を育てるためには部下に任せることが欠かせない。一方で叱るべき時には、使命感に立って叱ることで人は育つのである。

コラム1 井植歳男と松下幸之助

松下幸之助が大阪電灯を退社、松下電気器具製作所を設立したのは23歳の時である。

その時、一緒に働くことになったのが元同僚と妻むめのの弟・井植歳男(当時15歳)である。

井植は、もともとは船乗りの父親に憧れ、早くから海に出ていた。

しかし爆発事故に巻き込まれて九死に一生を得たことで船乗りになる夢を断念、「どうしようか」と考えていたところに姉から誘いの手紙が届いた。

そこで、お金も足りなければ、人も足りない幸之助を助けるために、井植は松下に入社する。

しかし、考案したソケットは全く売れず、創業の仲間が退職した後も、井植は幸之助と２人で扇風機の碍盤《がいばん》などを懸命に作ることで、創業期の松下電器を支えている。

入社当時は幼かった井植も、幸之助に鍛えられて次第に成長、松下電器の東京進出や新規事業の開拓に大いに腕を振るうことになる。

しかし、戦争中に会社として軍に協力したことがあだとなり、GHQにより松下電器は１人を残して井植を含む全役員が、公職追放の憂き目に遭う。

その時、幸之助は井植を残そうとするが、井植は会社のためにと身を引き、三洋電機製作所を設立、幸之助はせめてものはなむけにと自転車用発電ランプ事業を譲り渡している。

戦争によりやむなく袂《たもと》を分かつことになった２人だが、互いの信頼関係は終生変わることはなかった。

2009年、三洋電機はパナソニックの子会社となり、再び同じ道を歩んでいくことになる。

第2章

社員としての心得

第20話

入社した会社で、必ず出世できるとっておきの方法

「いい会社だよ」と口に出して言うことで、会社を肯定する

会社に入って、将来必ず出世できる秘訣がある。それは就職した会社に初めて出勤して帰宅した際、両親に「いい会社だよ」と報告することだ。

親にとって自分の子どもが初めて社会に出た時ほど、不安なことはない。当然、帰宅した子どもに「会社の感じはどうだった」と聞くはずだ。その時、あなたが「別に、どうってことないよ」と言えば、家族はなんとなく不安を覚える。確かに「初日だからわからない」というのが正直なところだと思うが、家族としてはやはり不安になる。

そこで、松下幸之助はこう言えばいいとアドバイスをしている。

「**詳しいことはわからないけれども、社長たちの話を聞いてみると、自分はなんとなくいい会社のように思う。だからここで大いに仕事をしてみたい**」

このような報告を聞くと、家族は「それは結構だ。大いにやりなさい」と喜び、安堵す

入社した会社で出世できる人、できない人

る。

つまり、せっかく入社した会社である以上、「しっかりやろう」という気持ちを大切にし、それを口にすることが大事なことなのだ。

幸之助は会社に対する不満についても、「よそで言わずに社内で言う。社長に言う」と言っている。外で会社の悪口を言っているようだと自分自身が嫌になる。

不満があるのなら、きちんと社内で解消して、外では「いい会社だ」と言うことで、心の底から「がんばろう」と思えるのだ。

成功への第一歩、それは、**会社について「いろいろあるけど、そんなに悪い会社じゃないよ」と自分で自分の会社を肯定すること。そこからすべては始まる。**

第21話

業績の悪い部署に配属されたら「ツイてる」と考える

「最低の部署」に行ったなら、あとは上がるしかない

ビジネスパーソンであれば、誰しも華やかで順調な部署で大きな仕事、目立つ仕事をしたいと考えるものだ。

しかし、組織には華やかな部署もあれば、地味な部署、業績不振に苦しむ部署もあって、どこに配属されるかは運次第である。

ある時、松下電器の30代の課長が、九州の営業所に所長として赴任することになった。

当時の松下の営業所長ともなれば、地域全体の経営から販売、人事とすべてに責任を負う立場である。責任は重くとも栄転であることに間違いはなかった。

ところが、その課長には一抹の不安があった。

それは赴任する九州ではかつては松下が強かったものの、最近では競争が激しく苦戦を強いられているというのだ。

辞令交付の日、松下幸之助は課長が赴任する九州について「昔はものすごく良かったんだが、今は最低の線だ」と、はなむけとは言

ものごとは捉え方次第で良くも悪くもなる

今度君が行く部署は
業績が最悪だ
立て直してくれ
売上
上司
部下
ものごとを悪く捉える人
ものごとを良く捉える人
ツイてないなあ
なんで業績の
悪い部署
なんかに……
ツイてる
今が最低なら
もう上がるしか
ない!!

えない言葉を口にした。

「こりゃあ、貧乏くじをひかされたな」と課長が思ったその時、幸之助はこう続けた。

「**君、いい所へ行くね。幸せだよ、君は**」

理由は、今が「最低の線」なら、がんばればがんばっただけ上へ行けるというものだった。つまり「今、絶好調」の地域を任されたら、少々がんばっても簡単に業績は上がらない。守るのに精一杯で、業績が下がりでもすれば何を言われるかわかったものではない。

反対に「これ以上、下がりようがない」業績なら、自分のやりたいことができるし、成果も上がりやすい。

人は考え方ひとつでいくらでも前向きになれる、ということを幸之助は伝えたのだった。

第22話

「本当は反対なんだけどね……」をやめる

部下にも、上司を説得する権限がある

大リーグでは、選手を模して作った「ボブルヘッド人形」が、ファン感謝デーなどに配られる習慣がある。ボブルヘッド人形は、ちょっとした揺れでも首を振る。

アメリカの経営者によると、会議で気を付けるべきはボブルヘッド人形と化した参加者だという。会議でのボブルヘッド的人間は、上司の提案に力一杯首を振って同意する。

ところが、会議室の外に出た途端「本当は反対なんだけどね」と異を唱え、「ボスが言うから賛成したけど、あんなのがうまくいくはずがないよね」と不満を口にする。

これでは会議で決まったことなど実行されないし、組織としてのまとまりも望むべくもない。

ボブルヘッド人形的な人間は、もちろん日本にもいる。会議では賛成しておきながら、会社の外、たとえば飲み屋などで文句を言う。しかし、松下幸之助は、こうした姿勢を決して良しとはしなかった。

相手が上司であっても納得がいくまで話し合う

ボブルヘッド人形的な人
君、この商品の色は白がよくないかね?
私もそう思うのですが部長が赤がいいとおっしゃいまして……
役員
課長
バカもん!!
なんで部長を説得しないんだ!!
はい……
役員
課長
上司と本気で話し合う人
君、この商品の色は赤がよくないかね?
この商品は白がいいです なぜなら……
部長
課長
そうか わかった!
ありがとうございます!!
部長
課長

幸之助が技術担当者から、ある商品について説明を受けた時の話だ。

「この商品のデザインはもうちょっとこうした方がええのと違うか」と言ったところ、技術担当者は「私もそう思っていました」と答えた上で、「上司の反対で」できなかった、と弁明した。

すると、幸之助は厳しい口調でこう諭した。

「いいと思ったのであれば、なぜ上司を説得せんかったのか。上司説得の権限は君にあるんだよ」

仕事には「納得」が欠かせない。**納得がいかないのなら、納得がいくまで上司と話し合えばいい。上司と部下が本気で話し合ってこそ、良い仕事が可能になるのである。**

第23話 質問は答えて終わりではなく、相手が納得してこそ本当の答えとなる

とりあえず「答えておけばいい」をやめる

もしあなたが、上司から全く同じ質問を2度、3度と繰り返されたとしたら、どんな気持ちになるのだろうか？

「昨日も答えたのに、何で同じことばかり聞くんだろう」

「同じことばかり聞くなんて、何かの嫌がらせなのだろうか」

さて、アメリカからハーマン・カーンという未来学者が来日して松下幸之助に会うために京都に来ることになった時の話だ。カーンが来日する10日前のこと、幸之助は秘書になって日の浅い若い社員にこう質問した。

「君、今度、ハーマン・カーンという人が来るんやけど、どういう人か知っとるか？」

若い社員は新聞で得た「21世紀は日本の世紀になると、高く日本を評価している学者です」という知識をもとに幸之助に説明をした。

ところが、2日目も3日目も幸之助は同じ質問をしてきた。若い社員は内心、腹が立っ

質問は相手が納得してこそ答えたことになる

君、A社の社長さん、
どんな人か知っているか？
この間も
同じことを
聞かれたぞ……
質問にただ答える人
答えに工夫を凝らす人
……
この間もお話ししましたが、
A社長はお人柄は実直で
趣味は……
ありがとう
A社長について
簡単にまとめました
A社長に
ついて

て仕方がなかったが、突然、こう思った。

「同じ質問を繰り返すということは、自分の答えの内容が不十分だということではないか」

そこで、若い社員は仕事を終えると、書店に行ってカーンの著書を買い、要点をレポートにまとめた上で、テープレコーダーに吹き込んだ。

4日目の昼、再び幸之助から同じ質問を受けた社員は、30分かけて説明をした上でテープも手渡した。

翌日、幸之助は「ようわかった。あんた、いい声しとるなあ」と笑顔で返したという。

質問には単に答えるだけではなく、相手が納得し満足するまで答えてこそ「答えた」ことになる。

第24話

ダメな上司についた人が、その後伸びるのはなぜだろう？

いい上司も悪い上司も、自分次第で教師になる

上司は部下を選べないし、部下も上司を選べないのがビジネスパーソンの辛いところだが、それはそれで「物は考えよう」だ。

戦前のことだが、松下電器のある製造責任者が、かねて折り合いの悪かった事業部長によって突然、倉庫係に異動させられた。

前日まで数百名の部下を率いていた製造責任者が異動先では部下がわずか2人。露骨な左遷であり、今なら大問題になるところだ。

プライドを大いに傷付けられた上、今後もその事業部長がいる限り日の目を見ることはない。

そこで、製造責任者も一度は「辞める」決心をしたが、「日本一の倉庫にしてからでも遅くはない」と思い返し、朝は5時から倉庫にこもり、業務の合理化や改善に励んだ。

そんなある日、松下幸之助が工場にやってきて、倉庫で働く製造責任者に目を留め事情を知ることとなった。一通り話を聞いた幸之助はこう言った。

悪い上司を反面教師にして自分を伸ばす

もうがまんならん
君は明日から倉庫係だ!!
そのまま腐ってしまう人
上司を反面教師にして伸びる人
あんな最悪な上司の下で仕事なんてできない……
辞めるしかないなぁ
よし、日本一の倉庫係になってやろう!
僕は感情で部下にあたったりしないぞ

「人間、大成しようと思えば、良い主人、悪い主人、どちらに仕えても勉強になるんやで。良い主人なら見習えばいいし、悪い主人なら、こないしたらあかん（上司と同じようにしたらダメ）、と」

2020年に亡くなった名監督・野村克也の南海時代の監督はやはり名監督だった鶴岡一人《かずと》である。

鶴岡はキャッチャーである野村の配球を叱りつける一方で、「ではどうすれば」には「バカヤロー、そんなものは自分で考えろ」と突き放す、選手の好き嫌いが激しい「親分」タイプだった。

野村はそんな鶴岡を「反面教師」とすることで名監督となったが、良い主人、悪い主人のどちらからも学んでこそ人は大成できる。

第25話 良い情報より、悪い情報こそ「すぐ」上司に伝える

現場の情報が、上に伝わらなくなっている会社は危険

松下電器が500人くらいの町工場に成長した昭和の初め頃の話だ。

ある日、1人の従業員が問屋の主人からこっぴどく叱られた。松下電器の製品に問題があり、小売店から返品を食らったのだ。

問屋の主人から、「松下が難しい技術のいる電器屋をするというのは生意気だ。こんな品物をつくるくらいなら焼き芋屋でもやっていろ、とオヤジにそう言っておけ」と、ものすごい剣幕で怒られたと言うのだ。

普通ならこうしたクレームがトップにまで伝えられることはない。現場の部長止まりがいいところだ。

ところが当時の松下はよほど風通しが良かったのか、従業員はそのまま幸之助に報告した。報告した従業員も立派だが、聞いた幸之助はもっと立派だった。早速、問屋の主人を訪ねて「これからは注意して、なおいいものをつくりますから」と謝罪をしたのだ。

企業がおかしくなるのは、現場の声や悪い

悪い情報こそすばやく共有するべし

情報が上に伝わらなくなった時だ。正しい情報や意見が上に伝わらないため、上は正しい判断ができず、経営危機に陥ってしまう。そこで幸之助は、こんな言葉を遺している。

「社長の考えていることが少しも下に通じない、そういう会社は、概してうまくいっていないようです。また逆に、下意が全然上達していない会社は、さらに良くないと思います」

だからこそ、上に立つ人間は自分の考えや方針が下の人間にまで行きわたり、理解されているかを気にかけなければならない。また、**良い情報ではなく悪い情報が「すぐに」伝わるかどうかにも気を配る必要がある。**

情報の目詰まりほど、企業にとって怖いものはないのである。

第26話 寝る前に、今日一日やったことを振り返る時間をもつ

日々を振り返る習慣をもつと、アイデアや改善案が出てくる

「成功体験」とか「失敗体験」というと、とかく大きなことを考えがちだが、それほどの体験でなくとも、日々反省し、味わってみることで貴重な体験とすることができるというのが、松下幸之助の考え方だ。

こう言っている。

「平穏無事の一日が終わった時、自分が今日一日やったことは、はたして成功だったか失敗だったかを心して考えてみるということです」

毎日、今日の仕事を振り返れば、「これはうまくいった」「これは行きすぎて失敗だった」「あれは失敗ではないが、もっといい方法があったのではないか」と反省すべき点がいくつも出てくる。

そうしてみれば、1つの成功の中に反省すべき点もあれば、失敗の過程にも小さな成功を見出すことができる。

すると、日々、何気なくやっている仕事の中に小さな成功や小さな失敗を見出すことが

一日の終わりに振り返る習慣をもとう

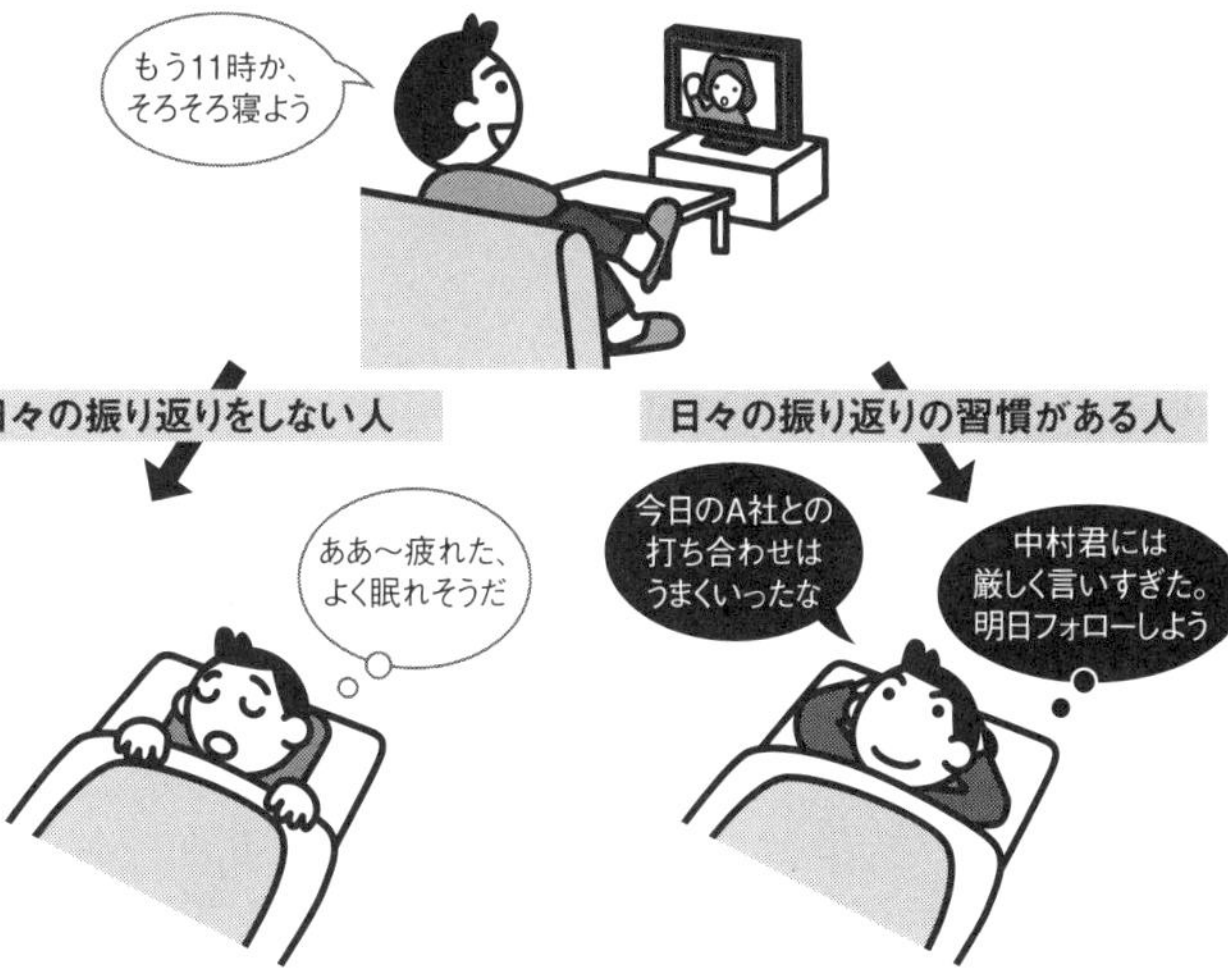
もう11時か、
そろそろ寝よう
日々の振り返りをしない人
ああ〜疲れた、
よく眠れそうだ
日々の振り返りの習慣がある人
今日のA社との
打ち合わせは
うまくいったな
中村君には
厳しく言いすぎた。
明日フォローしよう

できるようになり、**「明日はこうしてみよう」「次はこんな工夫をしたらどうだろう」というアイデアが生まれ、少しずつでも進歩できるようになる**。

同様にリーダーも、一つひとつの仕事に全力を尽くしながら、その都度、「これは成功だったな」「成功だけれども、ここは完全ではなかった」などと反省を日々の習慣とすることで、そのうち意識せずとも反省をし、そこから学べる人になることができる。

仕事をする以上、何も考えず、何も反省しない人になってはいけない。

日々反省をして、失敗には対策を講じ、成功には展開方法を考える。その積み重ねこそが、人を大きく成長させることになる。

第27話

叱ってくれる人、厳しいことを言ってくれる人を自ら求めよ

慢心は退廃への第一歩。叱ってくれる人がいると、人は成長する

芸能人やスポーツ選手にとって人気というのはありがたいものだが、同時に怖いものでもある。人気は、ある意味がんばってきた自分へのご褒美であり、「もっとがんばろう」という励みにもつながるが、人気に溺れて慢心すると、あっけなく没落してしまう怖さもあるからだ。

企業も同じである。業績が好調でテレビや新聞といったマスコミに、しばしば取り上げられるとつい慢心してしまう。

さらに学生の就職先人気企業ランキングの上位に入ったりすると、その企業で働く社員はどんどんいい気になる。

しかし、どんなに業績が良くて、株価が高くても、社員まで頭が良くなったり、成長するわけではない。

にもかかわらず、企業が絶好調だと、そこの社員までもが勘違いするのだ。

こうした社員の慢心について松下幸之助はこう警告していた。

叱ってくれる人は得たい存在。自ら求めよ

6月度売上表
永田
山本
石川
伊藤
永田、どんなに営業成績が良くても時間を守れない奴はダメだぞ
叱ってくれる人から逃げる人
叱ってくれる人を求める人
石川先輩なんか全然売り上げいってないくせに偉そうに
永田君すごい
今度お祝いしよう
これからもよろしくご指導ください
ありがとうございます

「ほめることばかり聞くようになれば、松下電器の幹部も、また社員も、みんなおごり長じるようになってしまうであろう。それは廃《はい》頽《たい》への第一歩なのである」

そうならないためには、**「叱ってもらう人を求めねばならない」というのが幸之助の考え方だ**。

ほめられてばかりだと増長するが、世間からいいところもあるが、悪いところもあると叱ってもらうと、人も企業も反省をし、成長できる。

業績が好調だと、ほめてくれる人ばかりが周りに集まりやすいが、本当に大切なのは、**嫌われること、厳しいことを恐れずに言ってくれる人である**。

第28話 学問は振り回されるためではなく使いこなすためにある

できない理由を語るためのものではない

「技術者には2つのタイプがいる。1つは、知識を使ってものづくりに挑戦するタイプ。もう1つは、豊富な知識を使い、できない理由を解説するタイプ。必要なのは前者です」とはトヨタグループのダイハツで、材料開発室室長を務めた田中裕久さんの言葉だ。

よく言われることだが、知識や経験豊富な人は、しばしばやる前から「できない理由」を語ることがある。

しかし、「できない理由」をどれほど上手に語ったところで、問題を解決することはできないのもまた事実だ。

松下幸之助は、フォードの創業者ヘンリー・フォードのこんな言葉を紹介している。

「自分の工場には、いわゆる学者なるものを絶対に採用しない。学者はものごとのできぬ点ばかりを知って、成り立たせる道を考えない」

この言葉を受け、幸之助は「**学問のある人はその学問にとらわれて、理屈っぽく考えす**

あなたは学んだことをプラスに活かすタイプか？　マイナスに活かすタイプか？

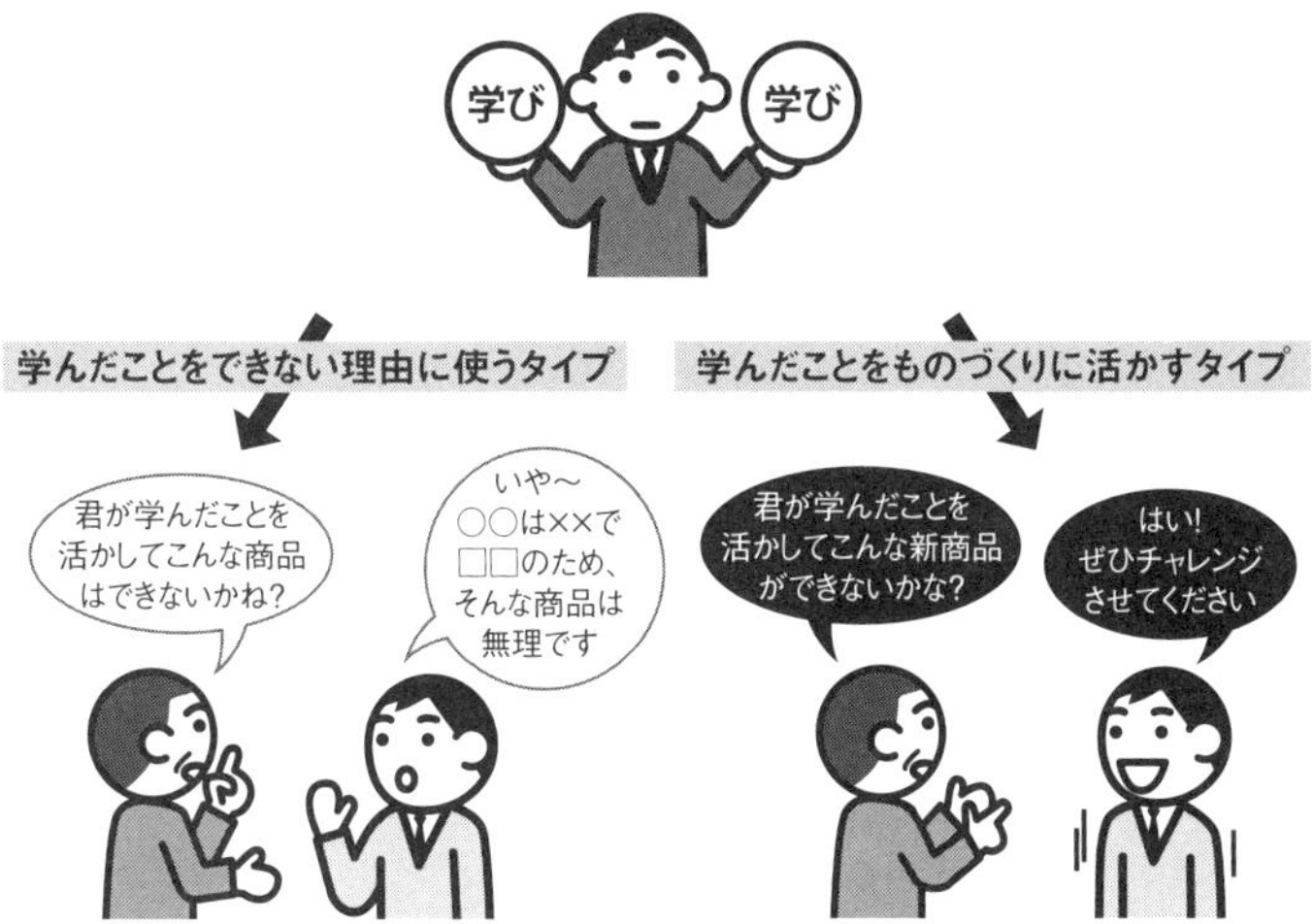
学び
学び
学んだことをできない理由に使うタイプ
学んだことをものづくりに活かすタイプ
君が学んだことを活かしてこんな商品はできないかね?
いや〜○○は××で□□のため、そんな商品は無理です
君が学んだことを活かしてこんな新商品ができないかな?
はい! ぜひチャレンジさせてください

ぎるきらいがある。**かえって何も知らぬ素人のしゃにむにやりきる気力がものごとを成功させる例が多い」**と付け加えている。

では、幸之助が「学問不要」と考えていたかというと、そうではない。

問題は、学問に縛られるあまり、自分が「こうしたい」と願っているにもかかわらず、「それは無理だ」という声に押されて諦めてしまうことだ。

強い情熱をもってものごとに取り組み、その際、学問の力を有効に生かすことが何より大切だ、というのが幸之助の考え方だ。

学問に振り回されるのではなく、自分のやりたいことを成就するために学問を使いこなす。

この考えが何より大切なのだ。

第29話 人を見る時は、欠点でなく長所を見て判断する

欠点だけ見れば誰もが「ダメ人間」。長所に目を向けて付き合おう

大河ドラマ『麒麟がくる』の主人公は明智光秀だが、光秀がなぜ本能寺で織田信長を討ったのかは、いまだ定説がない。

しかし、光秀にとって恩義のある信長を討つほど我慢のならないことがあったのは事実だろう。

そんな光秀を大返しで討ち果たしたのが、同じく信長の家臣であった豊臣秀吉である。

たとえば、秀吉は信長のことを「信長公は勇将ではあるが良将ではない」と評している。つまり、秀吉は決して良将ではない信長の下で見事に出世し天下を獲ったのに対し、光秀は信長を討ちながら、自らも滅びてしまったのだ。

さて、松下電器のある社員が、2人の上司のうち、信頼し慕っていた上司のほうが転勤することになり、抗議の意味で同志と一緒に辞職願を提出した。しかし、本心では辞めたくなかったのか、最終的には松下幸之助にお詫びを入れて会社に残ることになった。

人の欠点ではなく長所を見る

幸之助は、一同を集めてこう釘を刺した。

「君、光秀になるなよ。上の者の欠点にこだわって反抗したのでは、正しくても大成しない。秀吉のように良いところを見て対処しなさい」

幸之助によると、残した上司は確かに欠点はあるものの、幸之助の目から見て「得難い経営者」だった。

人は誰しも、欠点もあれば長所もある。

幸之助の特徴は、人を見る時に欠点ではなく長所に目を向ける点にある。欠点に目を向ければ誰もが「ダメ人間」だが、長所に目を向ければ「頼りになる人間」となる。

人を使うにも、人に仕えるにも良いところに目を向けてこそ、チームは強くなり成果を上げることができる。

第30話

「上が決めたことだから……」をやめる

納得できないことに時間を使うほど、人生は長くない

仕事をしていて、上の決定に納得いかないものの、「上司が決めたことだから」「トップが決めたならしょうがない」と何となく従っていることはないだろうか。「どうせ失敗しても上のせいだから」となんとなく逃げ道を用意してはいないだろうか。

松下電器がまだ社員15人ほどで仕事をしていた頃の話だ。

松下幸之助の義弟で、のちに三洋電機の社長となった井植薫《いうえかおる》〈井植歳男〈P52参照〉の弟〉の発案で京都にソケット用の大きな倉庫を建てることになった。

計画立案中、幸之助が「ソケットの倉庫は風通しがいい木造に限る」と言い出した。木が湿気を吸い取ってくれるからだった。

しかし、計画中の倉庫は当時としては大きなもので、木造にすると中にたくさんの柱を建てることになり、それでは倉庫としての機能が著しく低下することになる。

井植は木造では倉庫として役に立たないの

おかしいと思ったら上司を説く

上に言われた通りやる人
A案でいこう
わかりました
少し予算オーバーだけど仕方がない
役員会で予算オーバーだと言われたぞ!!
そんなこと言われても…
上を説得する人
A案でいってくれ
予算が心配です。念のため役員に相談しましょう!
役員に相談したら予算厳守だった
B案にしよう

で、鉄筋にしなければならないと説明したが、幸之助は全く聞き入れなかった。

　そこで、井植は仕方なく幸之助の言う木造の倉庫を建設したが、完成した倉庫を見た幸之助はあまりの柱の多さに驚き、「これじゃ倉庫の役に立たんやないか」と怒り始めた。

　これにはさすがに井植も頭にきた。

「最初に言ったやないですか」と言い返したところ、幸之助はこう言った。

「お前らあかんなあ。それならなんで僕を説得せんかったんや。いつまでたっても僕を説得できんようではあかんなあ」

**　本当に納得できないことは、何が何でも上を説得しろ、というのが幸之助の言い分だった。**

第31話 出向先で親会社と対立した時は、出向先のために尽くせ

親会社から来たことは忘れ、全力で出向先のことを考える

経営が悪化している子会社や販売代理店などに、親会社から人を出向させるケースがよくある。

そんな時、親会社から来た人間がどんな姿勢で仕事に臨むか、受け入れる側がどんな態度でその人を迎え入れるのかはとても難しい問題だ。

親会社から来たことを鼻にかけ、子会社の人や販売代理店の人を顎《あご》で使うようなことをする人間は論外だ。

しかし、受け入れる側もまるで腫れ物にでも触るような態度で迎え入れると、お互いの関係はぎくしゃくして決してうまくいかない。

松下幸之助は、過去にそうしたケースがあったことを反省して、ある時、幹部を集めてこう言った。

「**今後課長を派遣した場合には、その瞬間からお得意先の番頭さんになるんだ。だから、部長諸君は自分の部下をやる場合には、晩飯**

子会社の利益は親会社の利益となる

君は親会社の
人間なんだから、
親会社の利益を
第一に考えろ!
親会社の利益を優先して考える人
子会社の利益を優先して考える人
確かにそうですね
わかりました
今、私は子会社の人間です。
子会社の利益を
最優先に考えます!

でも一緒に食う時には、上座へその課長を据えろ。部長は下座に座って話をせよ」

さらにこうも言った。

「取引の間、多少利害が対立する場合があるが、その場合には、（出向者は）会社についてはならない、先方につかないといかん」

出向する以上、親会社から来たということは忘れ、ただその会社のために尽くせ、その会社の経営をしに行くつもりで務めろ、という意味だ。

「親会社から来た」という甘えは捨て、「責任はわれ1人にある」という覚悟で臨んでこそ出向先のためにもなるし、ひいては自分のため、会社のためにもなるのだ。

第32話 上司や先輩からは「学ぶ」のではなく「まねぶ」

教えてくれるのを待つ人より、自ら学んでいく人が伸びる

かつてよくいわれた言葉に「学校はお金を払って学ぶ場所であるのに対し、会社はお金を貰って学ぶ場所である」がある。

まさに会社を「学ぶ場所」として意識するかどうか、実践するかどうかは、のちに大きな差となって現れてくる。

ある企業の経営者は、若い頃、同じ部署の先輩が上司からの指示を受けると、自分も同じ指示を受けたものとして、その課題に取り組むようにしていた。

自分なりに解決策を考えては、先輩が考えた解決策と比較して、自分の足りないところを学ぶようにしたのだ。

最初先輩との差は歴然としていたが、半年、1年と続けるうちに先輩の解決策に近いものを考えられるようになり、時には「自分の方が上では」といったものも考えられるようになったという。

彼の場合、先輩が手取り足取り教えてくれたわけではない。自分なりに見て学び、少し

会社はお金を貰って学ぶことができる場所

ずつ成長していった結果だった。

松下幸之助は言う。

「先輩の言動というものが生きた手本である。その手本を手本とするかしないかということは、これは皆さんの心構えひとつである」

学校と違って、会社では先輩が一つひとつ手取り足取り教えてくれるわけではない。しかし、上司や先輩のそばにいて、彼らの仕事ぶりを見て真似ながら学ぶ（＝まねぶ）機会は与えられている。

それをただ漠然と眺めているか、それとも何かを吸収しようと懸命になるか、その差は1年、2年と経つうちに、とても大きな差となって現れてくるのだ。

コラム2 ドラッカーと松下幸之助

松下幸之助は、昭和37年（1962）にアメリカの雑誌『タイム』の表紙を飾ったほか、昭和39年（1964）には、同じく雑誌『ライフ』でも紹介されるなど、世界でも高く評価された。

なぜ、それほどまでに高く評価されたのだろうか。

世界的な経営学者ピーター・ドラッカーが著書『イノベーションと企業家精神』（ダイヤモンド社）の中で、松下の戦略を「予期せぬ成功の活用」の好例として紹介したのが一因だ。

ドラッカーによると、1950年代の初め、松下電器は東芝や日立といった企業に比べて「まだ小さく、さして有名でもなかった」が、日立や東芝が相手にしていなかった地方の農家を一軒一軒訪ねてテレビを売ることで、大きな成功を手にした。

当時、大手の家電メーカーは「日本は貧しくてテレビのような高いものは買えない」として、大都市の百貨店でお金持ちのお客だけを相手にしていた。

一方、松下は日本の農家はテレビを買えないほど貧しいわけではないとして大手とは正反対の戦略をとることで売り上げを伸ばし、日本一の座へと上り詰めた。

松下幸之助の固定観念にとらわれない、事実を正しく見る力が同社に成功をもたらしたというのがドラッカーの、そして世界の評価なのである。

第3章

仕事の心得

第33話

仕事はなんとなくやってはいけない。常に目的をはっきりさせる

「何のために」やるのか「誰のためにやるのか」を常に問いかける

すべての仕事には「目的」があり、「お客様」がいる。

それをしっかりと意識するかどうかで仕事のやり方や、取り組み方は変わってくる。

ある企業の新入社員が最初に任されたのは、技術部で変速機の振動実験などを行うことだった。ある日、室長に仕事の報告をすると、「君の仕事の目的は何だ、何のための仕事か、考えてみなさい」と問いかけられた。新入社員が「振動を測定することです」と答えると、室長は「それは目的と手段を混同している」として、理由をこう説明した。

「その仕事を成し遂げて嬉しいと思うためだろう。君がやった仕事を受け渡す相手が、その価値を認めて喜んでくれることが君の喜びにつながる。それが仕事の目的だよ」

松下電器がまだ小さかった頃の話だ。

松下幸之助は、毎日のように工場と事務所を巡回していた。

ある日、1人の若い社員に「君、この仕事

仕事の目的を明確にすると、仕事の質は上がる

この販売統計表は何のために作成したのかね？
販売統計表
仕事の目的があいまいな人
?
作れと言われたから作ったんですが……
仕事の目的が明確な人
そうか、わかった
広告の効果を測定して、次の施策を打つためのものです

は何をやっているのかね」と聞いた。若い社員が「これは販売統計表です」と答えると、幸之助はさらに「それは何のためのものかね」と質問した。若い社員が答えられないので、幸之助は仕事を指示した主任を呼んで同じ質問をしたが、主任も答えられなかった。

幸之助は2人にこう言った。

「仕事をする場合、あるいは仕事を指示する場合には、必ず目的をはっきりさせていなければいかんよ」

仕事は「言われたからやればいい」というものではない。仕事それぞれに目的があり、その仕事を受け渡すお客さまがいる。

どんな小さな仕事でも「目的は何か？」「お客様は誰か？」と問いかけることで仕事の質は上がり、やりがいも生まれる。

第34話 「一応」「とりあえず」をやめる

「やる」ではなく「やり切る」

誰かが新しい提案をした時、気乗りはしないけれども「一応やってみようか」「とりあえずやってみるか」ということがある。

新しい提案を拒否しないだけいいようなものだが、「一応」や「とりあえず」の裏にあるのは「ダメならやめればいい」といった逃げの気持ちである。そこに「本気」はない。

松下幸之助は昭和39年（１９６４）の熱海会談で、苦境を訴える販売会社、代理店と3日間にわたる話し合いを続けた結果、自ら営業本部長代行となって販売の第一線に立ち、販売改革にあたる決意を表明している。

ところが、幸之助が新しい販売制度を説明したところ、出席者のほぼ全員が反対をした。それでも3時間かけて説明したところ、多くの人が「そこまで言うのであれば一応やってみようか」となった。

普通はここで「良かった、わかってもらえた」と安堵するところだが、幸之助は「一応やってみようか、一応させてみようかではこ

ダメならこちらという逃げの姿勢がダメ

とりあえずの人
いいプランが3つできました!!
とりあえず全部やってみるか
A案
B案
C案
どれもダメでした
そうか……仕方ないな
やり切る人
いいプランが3つできました!!
A案でいこう絶対成功させよう
A案
B案
C案
A案大成功でした!!
よくやり切ったな!!

の仕事はできません」と言葉を続けた。

２００社のうち１７０もの会社が赤字に苦しむ状況を脱するのは容易なことではない。

販売改革はそれこそ死に物狂いで取り組まなければならないのに、「一応」といった甘い気持ちでできるはずなどなかった。

やる以上は何がなんでも「やり切る」ことが不可欠だった。そんな幸之助の熱意が通じたのか、最後にはみんなが「しっかりやろう」と心を一つにすることができた。その結果、売り上げが2倍になる地域も出て、改革は成功する。

ものごとをやる時には「一応やってみるか」では弱すぎる。

「やる」のではなく、「やり切る」覚悟こそが成果を生みだすことになる。

第35話 仕事では、とどめをさすことを忘れるな

結果まで見届け、本来の目的が達成できたかをチェック

トヨタ式でよく言われるのが「結果は見たのか?」だ。

たとえば、ある工程の改善を「行《おこな》った」とする。人によっては「やった」ことで満足して、結果を見届けるのを忘れてしまう。

しかし、それではダメで、結果を見て問題があれば再度改善をして初めて「改善した」ことになるというのがトヨタ式の考え方だ。

松下幸之助はものづくりに限らず、販売などに関しても最後の最後まで見届けるように言い続けていた。

戦後まだ10年も経たない頃、松下電器の東京特販部は、生産を開始したばかりの電気冷蔵庫を日本一といわれていたデパートに納入しようと努力していた。

今と違って家電量販店がない時代、デパートの電気売り場に輸入品と並んで展示されることは、売り上げの上でもブランド価値を高める上でも、とても効果があったのである。

努力の甲斐あって話はまとまり、ついに納

「とどめをさす」とは最後の最後まで見届けること

品することができた。特販部は喜びにわきたったが、そこに幸之助がやってきた。

報告を聞いた幸之助は「ご苦労だった」と部員をねぎらった後で、自分は実際デパートの売り場を見てきたことを前置きして、こう言った。

「ものごとはね、とどめをさすこと、これが肝心なことやで」

特販部は冷蔵庫を「納品した」ことで満足していたが、売れるためにはデパートの「目立つ場所に展示してもらう」ことが肝心で、そこまでやってこそ「とどめをさす」ことになるというのが幸之助の考えだった。

仕事にはすべて「目的」がある。目的を果たすためには途中で満足することなく、最後まで「とどめをさす」ことが肝心なのだ。

第36話 問題を見つけたら、担当外でもすぐに行動を起こしなさい

問題に気付かないのはダメ、見て見ぬふりはもっとダメ

人は問題を前にした時、3つのタイプに分かれる。1人目は問題に気付いて、すぐに行動を起こすタイプ。2人目はそもそも問題に気付かないタイプ。

そして3人目が問題には気が付いたものの、見て見ぬふりをするタイプだ。

松下幸之助が、トヨタ自動車から講演を依頼された時のことだ。

名古屋駅まで幸之助を迎えに行った名古屋の営業所長はトヨタ自動車までの車中、幸之助から細かく質問された。

沿道で建設中の建物に松下の電設資材はどれくらい入っているのか、といった質問だ。

そんなやり取りをしながら車を走らせていると、広々とした畑の中に「テレビはナショナル（松下電器の旧ブランド名）」と書かれた広告塔が立っていた。

しかし随分とペンキが剥げていた。幸之助が「なんで直さんのや」と尋ねると、所長は「あれは本社の宣伝部の管轄です」と答えた。

担当外の問題もわが事として対処せよ

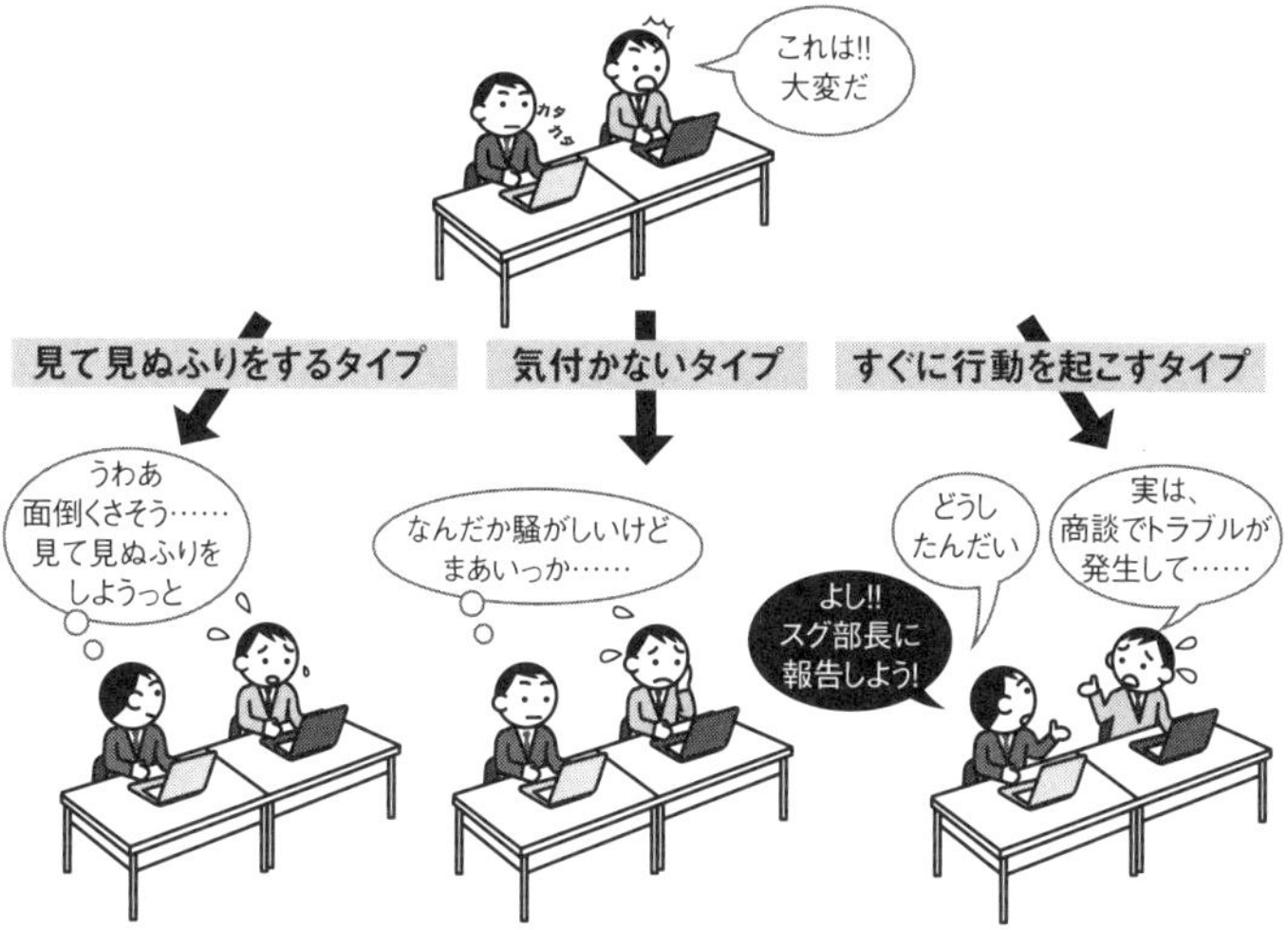
これは!!
大変だ
見て見ぬふりをするタイプ
気付かないタイプ
すぐに行動を起こすタイプ
うわあ
面倒くさそう……
見て見ぬふりを
しようっと
なんだか騒がしいけど
まあいっか……
どうし
たんだい
実は、
商談でトラブルが
発生して……
よし!!
スグ部長に
報告しよう!

その答えに幸之助は、こう叱責した。

「君はトヨタさんへ週2回も訪問しているんなら、往復4回も見ていることになる。なのに、なんで汚れに気が付かんのや。気が付いとったら、なんでそれを担当の人に言うて直させんのや。君はそれでも松下の人間か」

松下の看板が汚れている時、そこに「私の担当」も何もない。

「担当外だから」と知らん顔をするのではなく、担当者にきつく言ってでもきれいにするのが「松下の人間」の努めである、というのが幸之助の言い分だった。

問題に気付いたらすぐに行動を起こす。「これは誰の担当か」は関係ない。

そこで、積極的に動くことができる人間が周りからの信頼を得ることになる。

第37話 先入観を捨てて考えるとアイデアは無限

固定観念に縛られると、アイデアは出なくなってしまう

仕事をしていると、どうしても固定観念に縛られて、ある場所から抜けられなくなることがある。あるいは、他社の製品を気にするあまり、つい似たようなものをつくってしまうこともある。

1950年代半ば、松下電器がテレビの新製品を出すにあたり、新しくデザインされたテレビ数台について役員会で検討することになった。そのうちの1台を見た役員の1人が、こう言った。

「なんや、この豚みたいなデザイン」

担当者はテレビにはブラウン管があるため、どうしても似たようなデザインになることを説明した。

四角い箱の表面にブラウン管とチャンネルを回すつまみ（リモコンなどなかった時代）を配置すれば、後はせいぜいちょっとした飾りをするのが限界、というのが担当者の言い分だった。

それを聞いていた松下幸之助は、「地球の

常識を疑ってみることで自分らしいアイデアにいきつく

人口は今何人や」と質問した。突然、何を言いだすのかとみんなが不思議に思っていると、幸之助は世界には25～26億人の人間がいて、目鼻口といった部品はみな同じなのに、みんな違う顔をしている、と言ってこう続けた。

「これだけの同じような大きさの中で、部品もみな同じやけど、顔はみんな違うで。神さんはうまいことデザインしはるな」

「テレビとはこういうもの」という先入観が強すぎると、その枠をこえられなくなってしまう。

仕事をする上で知識は大切だが、時に先入観を捨て、常識を疑ってみることで「神さん」とまではいかなくとも「自分らしい」アイデアにいきつくことができる。

第38話

学んだことはそのままやるのではなく、自分の知恵を入れてやる

どんなすぐれた教え・やり方も、時代や自分に合っているかを考える

セミナーなどに参加し、講師の話を聞いて、「ああ、いいことを言っているなあ。参考にしよう」と思うことがある。

あるいは、本を読み、書いてあることに感銘を受け、「明日からこれを実行しよう」と決意することがある。

しかし、「参考にしよう」と思ったことを、どれだけ実行に移したかと問われると、ほとんどの人は思っただけで留まってしまっているのではないだろうか。「聞いたこと」「読んだこと」が、「その場限り」になってしまっていることは、よくあることだ。

これは実にもったいないことだが、仮に実行するにあたっても「学んだままやってはダメだ」というのが、松下幸之助の考え方だった。

１９７０年代後半、松下電器の幹部を対象とするＰＨＰの経営ゼミナールに幸之助が顔を出し、こう言った。

「（研修で示される）精神を今の時代なり、現

学んだことを言われるままにやればいいというものではない

在の商売の状況に合わせて、自分で考えないかんな。そやないと本読みになってしまう。それでは具合が悪い」

研修や本で「なるほど」と感じることがあったとして、それをそのまま使うのではなく、自分なりの知恵を付けて、今の時代に合うように変えていく。

それができないと単に学んだだけの人になり、実際の仕事に役立て成果を上げることはできないというのが幸之助の考え方だった。

どんなにすぐれた教えや理論も、決して万能ではない。その企業、その仕事、働く人によって様々な違いがあり、違いを踏まえて自分たちに合うように改善していく。

それこそが成果につながるというのが、幸之助の教えだった。

第39話 会議は、立ち話くらいがちょうどいい

失敗より、スピードが遅いことを恐れよ

新型コロナの感染拡大に伴い各企業でテレワークが導入されているが、テレワークで大きく変わるものの一つに、オフィスでのムダな会議がある。

オフィスで会議を行うとなると参加者の日程を調整し、会場を確保するなど手間も時間もかかる。しかし、Ｗｅｂ会議なら時間さえ決めてしまえば関係者が自宅から参加して短時間で必要なことを話し合うこともできる。

移動や場所の確保などが必要ない分、意思決定は格段に速くなる。

何十年も前から松下幸之助は、日本の会議の問題点を指摘していた。

理由は時間をかけて会議をしたところで、「テンポの速い今日の世の中では、結論が出た時にはもう状況が変わっている」ということがあるからだ。

では、どうすればいいのか？　こう言いきっている。

「会議だからといって、会議室に集まり椅子

会議は、場所にこだわらず、すばやく行う

に座ってするというのではなく、立ち話で会議をして即決する。しかもそれでも事態は刻々に変わりつつあるから、その立ち話の会議を状況の変化に応じて何回か繰り返す」

幸之助によると、「十年一日のごとく」や「三年一日のごとく」が許されないのはもちろん、「君子は日に三転す」でも遅く、刻々と変化する事態に的確に対応するためにも、「今日の君子は、日に百転する」くらいでもいいという。

もちろん信念もなく、言うことがころころ変わるのは困るが、「一旦決めたから」と固執しすぎるのはもっと厄介だ。

上に立つ人間には、世の中の変化スピードに負けないだけの意思決定の迅速さが求められている。

第40話

報告書を減らすと、つくる力・売る力がアップする

リーダーは、常に今やっていることをゼロベースで見直せ

オフィスワークからテレワークへのスムーズな移行を妨げるものの代表格が「紙とハンコ」である。在宅で仕事をしようと思っても、必要な資料が紙で保管されデジタル化されていなければ、出社するほかはない。

データをインターネットで送ろうとしたら、「紙に書いてFAXしろ」と言われて困ることもある。

書類や資料は必要なものではあるが、あまりに多すぎたり、使い方を間違えるとかえって生産性を低下させることになる。

松下電器の会長時代、松下幸之助は、営業所や事業所から本社に上がってくる報告書の数が240種類もあると聞いて驚いた。

それほどたくさんの書類があっては、つくる方も大変だが、読む方も大変だ。

幸之助はこう提案した。

「明日会社が潰れると困るから、明日潰れるということに関係のあるものだけは残すけれども、それ以外は全部やめてしまってはどう

今必要ないものを見直す勇気をもて

読むだけでも
大変だ……
報告書ができました
現状を見直さないリーダー
現状を見直すリーダー
増える一方だが
仕方ない
報告書を見直したら
6分の1の量に
なったぞ!!

か」

報告書の多くは、過去からの積み重ねである。

以前は必要だった報告書でも、「今は必要ない」というものは少なくない。

しかし、多くの場合、過去の報告書は残ったまま新しい報告書のフォーマットが追加されていく。

さて、幸之助の指示によって報告書のフォーマットを精査した結果、残った報告書は42種類に過ぎなかった。実に6分の1だ。

報告書作成に現場が追われると、つくる力、売る力が衰えてしまう。

リーダーは、常に今やっていることを当たり前と思わず、ゼロベースで見直す姿勢が必要だ。

第41話

報告や連絡をこまめに行うことは、困難な仕事をやる以上に重要

平凡なことを、丁寧に着実に積み重ねるから知恵が出る

大きな仕事や華やかな仕事に憧れるあまり、地味な仕事や小さな仕事を疎かにする人がいる。

「この程度のことはこのくらいでいいだろう」といい加減な気持ちでやると、周りの人は必ず見ているため、その人が社内で評価されることはほとんどない。

松下幸之助によると、たとえば上司が部下に「取引先にこの件で電話をかけておいてくれ」と指示した場合、その結果を上司に報告するかしないかで大きな差が出るという。

上司というものは、結果をきちんと報告されれば安心するが、何の報告もないと不安になる。いくらいい学校を出て頭が良くても、小さな報告や連絡を疎かにする人間は信用しづらい。

一方ささいな仕事も丁寧にこなし、報告や連絡もこまめに行う人間は信用される。

幸之助はこう言っている。

「難しいことはできても、平凡なことが行き

地味な仕事、小さな仕事こそ丁寧にやる

山本君
A社に
御礼の電話を
しておいてくれ
はい!
地味な仕事を疎かにする人
地味な仕事を丁寧に行う人
山本君、A社へは
電話してくれたかね?
すみません
明日
電話します
ありがとう
部長、先ほどA社には
電話を入れておきました

届かないというのは、決して好ましいことではありません」

幸之助によると、**大切なのは平凡なことのほうで、それを丁寧に着実に積み重ねることでしっかりとした土台をつくり、その上に経験や知恵、才覚を活かすから大きな仕事ができるようになる、ということだ。**

平凡なこと、ささいなことを疎かにしないところに安心感が生まれる。

それが「あの人に大きな仕事を任せてみよう」という信頼につながるのだ。

第42話

革新的なものを生み出したいなら、まず「常識」を捨てなさい

根本から見直すと、不可能が可能になる

ソニー創業者・井深大《いぶかまさる》の口癖は「何でも10分の1」だった。ある製品がヒットすると、その価格や大きさを10分の1にすることを考える。その圧倒的な発想力が、ソニーを世界企業へと成長させることとなった。

昭和30年代後半、松下幸之助が子会社の松下通信工業（現・パナソニック モバイルコミュニケーションズ）を訪ねたところ、社長や幹部が頭を抱えていた。聞くとトヨタ自動車から、「納めている自動車用ラジオの値段を2割下げてほしい」と言われたという。

トヨタは社員が設備投資に5億円かかるという計画を出せば、上が「ゼロが1つ多い、1桁削れ」というほど原価に厳しい企業だ。

松下としてもトヨタの要望は理解できたものの、同社が得る利益はわずか3％であり、価格を2割下げれば大変な損失が出てしまう。そこで幸之助は、こう指示した。

「性能とか、そういうものを絶対に落とさんようにして、そして2割を引いて、なお1割

不可能を可能にするコツ

取引先から
要請があった
原価を2割下げてほしい
常識で考える人
根本から発想を変える人
2割なんて
無理だ……
無理って
上司に言おう
よし!!
ゼロベースで
考えてみよう

儲かるように、いっぺんそっくり頭を切り替えてやろうやないか」

普通に考えれば3％の利益しか出ないものを2割下げるのは不可能だ。しかし、そこで諦めてしまっては何の進歩も生まれない。普通でできないなら、根本から発想を変えて普通ではないやり方をすればいいというのが幸之助の考え方だった。

そこからゼロベースで全てを見直すことで、半期後、松下通信工業は幸之助が指示した通りに価格を2割下げて、なおかつ1割儲かる製品をつくり上げることができた。

革新は従来の延長線上には生まれない。時に「10分の1の予算でできないか」「半分の人数でできないか」と普通ではない発想をすることだ。

第43話 「強いこだわり」と「臨機応変さ」の両方を併せもつリーダーになる

こだわりは必要だが、執着してはいけない

企業の新商品が、開発側の意図とは別の使われ方をして好評を博すことがある。

ところが、開発側が、「我々はそんな使い方は認めない」と一顧だにしないと折角のビジネスチャンスを逃してしまう。

他方、意図しない使い方をチャンスと捉え、新しい売り方をすることで一気にチャンスをつかみ取る企業もある。

新商品や技術への強すぎるこだわりは、時に頑迷さとなり失敗を招くこともあるのだ。

松下幸之助が電灯会社を退職してまで売りたかったソケットが完成したのは大正6年（1917）10月のことだ。

しかし、電気屋からは「こんな新しいソケットは売れるかどうかわからないから注文できない」と断られ、大阪市内を10日間かけまわって手にしたのはわずか10円だった。

「見切りを付けて、自活の道を求めよう」と一緒に始めた同僚は去って行った。幸之助は妻の着物を質屋に入れるほど困ったが、ある

正しさにこだわりすぎてはいけない

電気商会から扇風機の碍盤《がいばん》（扇風機を支える下の盤）1000枚の注文が来た。やりたいのはソケットであり、碍盤ではない。

しかし、幸之助はソケットへの執着はもちながらもこう考えて、碍盤の製作に取りかかった。

「ものに強い執着をもって、決して軽々しく諦めるということをしてはならないと思う。しかしまた、頑迷であってもならない。いつでも他に応ずる頭を働かせねばならない」

これが功を奏して会社は存続、幸之助はのちにアタッチメントプラグや二灯用差し込みプラグなどを次々と考案、事業を発展させることができた。

強いこだわりと臨機応変さ、この2つがあってこそ、うまくいくことも多いのである。

第44話 失敗には「許される失敗」と「許されない失敗」がある

一回目の失敗は「経験」。しかし二度目の失敗は許されない

今の時代、「果敢に挑戦しろ」「失敗を恐れるな」と、社員に活を入れる経営者は少なくない。しかし、挑戦の結果、失敗をしてしまった時、経営者はどんな言葉をかけるといいのだろうか？

終戦から10年余りが過ぎた頃のことだ。電機業界を取り巻く環境は厳しく、松下電器の代理店の中にも倒産する所があった。

代理店倒産による松下電器の被害総額は数百万円にのぼり、責任を感じた営業所の所長は、始末書を持って大阪の本社に松下幸之助を訪ねた。

損失金額はいくらで、お得意先にはどのような迷惑をかけたのか、その原因がどこにあったのかを率直に報告した上で、「これは私の監督不十分であります。誠に申し訳ありませんでした」と頭を下げた。

報告を黙って聞いていた幸之助は、営業所長にこう言った。

「そうか、君な、一回目は経験だからな。大

同じ失敗を二度繰り返すようでは社会人として失格

変高い経験をしたな。しかし、二度繰り返したら、君、これは失敗というんだぞ。二度と犯すなよ」

失敗には、許される失敗と許されない失敗がある。

新しいことに挑戦した結果の失敗や、十分な準備をしたにもかかわらず失敗した時は許される。しかし、仕事を甘く見て犯した失敗や、同じ失敗を二度三度と繰り返すようでは社会人として失格だ。

幸之助は一度目の失敗は営業所長が今後、成長していくための貴重な「経験」として許す一方で、同じ失敗は二度としないようにと釘をさすことも忘れなかった。

失敗を「成長の糧」にするための見事な采配だった。

第45話 やりたいことをやりたいのなら、「責任」から逃げてはいけない

責任のない仕事はない。腹をすえる覚悟をもて

ある調査によると、最近の20代、30代の若者の約6割は「出世したくない」「できれば出世したくない」と考えているという。

理由は役職者になると残業代がつかなくなり、責任が重いわりに給与が安いとか、人間関係が煩《わずら》わしくなるといったものが中心で、かつて出世を目指して猛烈に働いた時代はすでに遠い昔となっている。

しかし、会社に勤めるかどうかはともかく、どんな仕事にも責任は伴うものだし、自分がやりたいことをやるためには一定の責任を負うことが不可欠だ。

そして仕事においては、何の心配もなくうまくいくということは滅多にない。

たいていの場合、問題も起きれば、心配事の種も尽きないもので、むしろ責任をとる覚悟をしなければならないというのが、松下幸之助の考え方だった。

「**まず腹をすえる**」

責任をもつということはつらいといえばつ

責任を負ってこそ喜びと成長がある

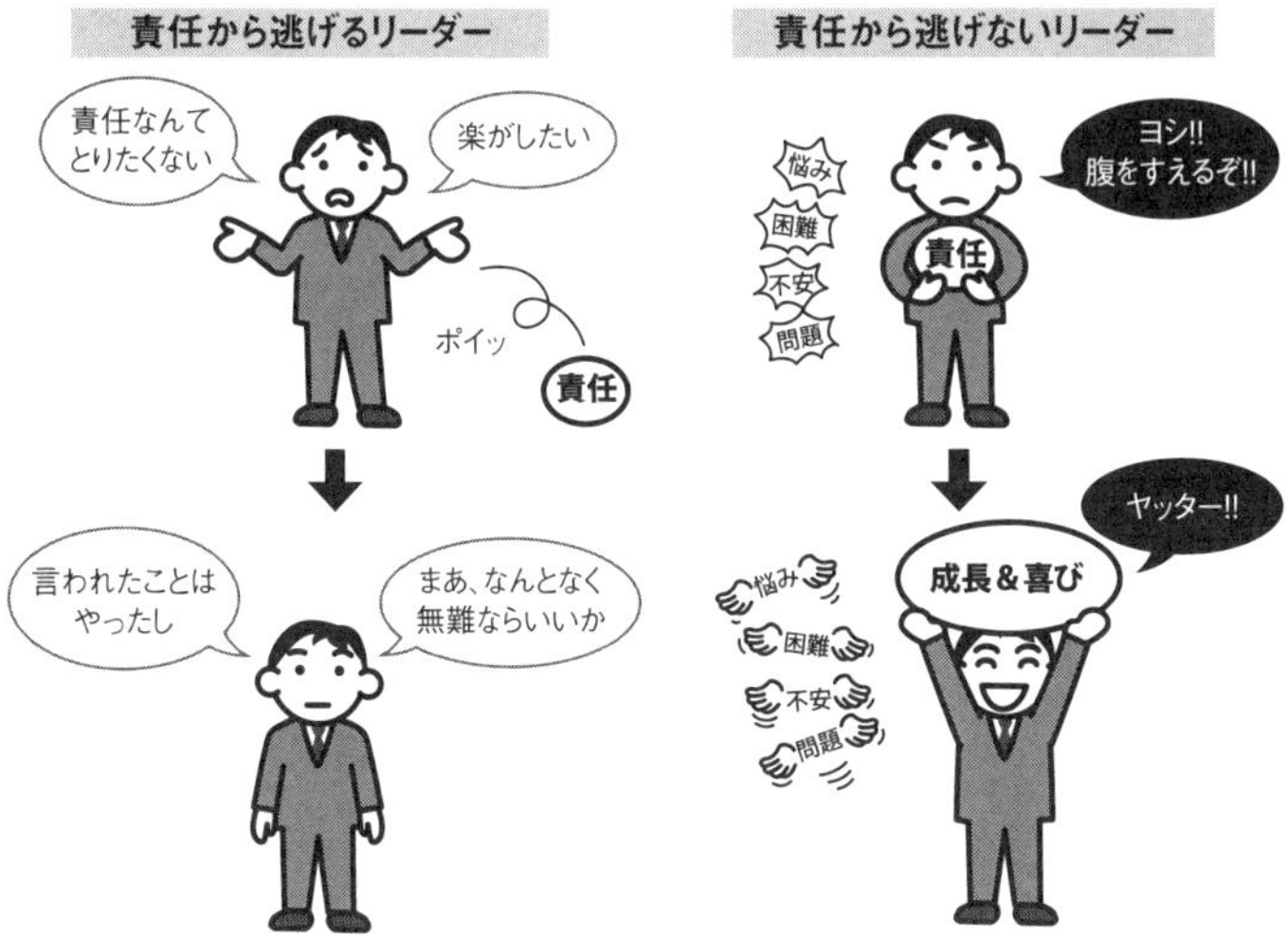

らいし、苦しいといえば苦しい。

しかし、**問題が起こり、心配や悩みがあるからこそ、学び、それが刺激や薬となって、新しい工夫を生み、新しいものをつくり出す。そして、喜びも生まれる。**

何の責任も負わず、言われたことだけをやる生き方は楽かもしれないが、そこに成長はない。

大変だけれども、やりたいことをやるためにあえて責任を負う。

つらく厳しい日々もあるかもしれないが、だからこそ人は学び成長できるし、喜びもある。困難な仕事を前にしたら「まず腹をすえる」。

そうすれば覚悟も決まるし、絶対やり切ろうという勇気も湧いてくる。

コラム3 稲盛和夫と松下幸之助

今や多くの経営者を信奉者としてもつ稲盛和夫（京セラ創業者）は若い頃、松下幸之助の講演を聞いたことがきっかけで経営の極意のいくつかを身につけている。

京都セラミック株式会社（現・京セラ）を創業して間もない頃、稲盛は幸之助の講演で「ダム式経営」の話を聞いた。

「ダム式経営」というのは、お金でも人でも技術開発でも、ダムが水を蓄えているように「蓄え」をもってこそ、余裕をもった経営ができるという考え方だ。

質疑応答で聴衆の１人が「どうやったらそのような余裕のある経営ができるのでしょうか？」と質問したところ、幸之助の答えは「そのような余裕のある経営が必要だと思わな、あきませんな」というものだった。

聴衆の多くはその答えに笑ったが、深く心を動かされた稲盛はこう考えるようになった。

「何かを成そうとする時は、まず心の底からそうしたいと思わなければならない。『わかってはいるけれど、現実にはそんなことは不可能だ』と少しでも思ってしまったら、どんなことも実現することはできない」

以来、稲盛は「強い意志」をもって事に臨むようになったほか、「土俵の真ん中で相撲を取る」といった稲盛流の哲学を考案、実践することで偉大な経営者へと成長することとなった。

第4章

商売の心得

第46話 商売は、当たり前のことを当たり前にやるとうまくいく

うまくいかないのは、当たり前のことを当たり前にやっていないから

商売はうまくいくのが当たり前であり、失敗するのは、当たり前のことを当たり前にやらないからだ、というのが松下幸之助の考え方だ。こう表現している。

「雨が降れば傘をさす。そこに私は発展の秘訣というか、商売のコツ、経営のコツがあると考えているのです」

幸之助ほどの成功をおさめれば、誰もがそこに「特別の何か」があると考えたくなるものだが、幸之助の説く「成功のコツ」は「平凡なことを当たり前にやる」ということだ。

たとえば、100円で仕入れたものには適正利益を加味して110円なり120円で売る。また、売ったものの代金はきちんと回収する。あるいは、売れない時には無理に売ろうとしないで一休みをする。

ところが、これが案外難しい。ライバルが価格を下げているからと、100円で仕入れたものを95円で売ってしまう。

利益は出ないが、お金が回ればいいと無理

「当たり前」にこそ商売のコツがある

をする。

さらに相手先から「少し待ってくれ」と言われると、集金を先延ばしにする。

結果、資金繰りが苦しくなり、銀行から借金をするハメになる。

前者が幸之助の言う「当たり前のことを当たり前にやる」やり方なら、後者は当たり前のことをやらずに、自分で自分の首を絞めている。これではうまくいくはずの商売もうまくいくはずがない。

何も道を切り開くための特別の秘策があるわけではない。

当たり前のことを当たり前に、しかし徹底してやり続けることで道は開けてくるし、成功も手にすることができる。

第47話

商売では、「時に損することもある」と考えてはいけない

商売は真剣勝負。やる以上は、絶対に儲けなければならない

松下幸之助は大正7年（1918）、23歳で松下電気器具製作所を設立、二股ソケットなど配線器具の製造を始めた。

しばらくして2軒おいた西隣に同業者が引っ越してきた。似たような仕事をしているだけに幸之助は隣が忙しくやっているのを見て、「うちも夜業はやめられんぞ」とさらにがんばることができたという。

ところが、しばらくして事業がうまくいかなくなったのか、お隣さんは東京に引っ越してしまった。

数年後、幸之助の元を訪ねてきたお隣さんは松下工場の盛況さに驚き、「同じように商売を始めた君が、順調にいくのが実に不思議だ」と言った。

聞かれて幸之助は「君ほど熱心にやっておりながら、なお事業が成功しないということが僕にとってこれまた不思議だ」と前置きした上で、事業は大小の差はあっても、やっただけ成功するものだと考えているとして、こ

商売は真剣勝負、「仕方がない」はない!!

んなことを口にした。

「よく世間では『商売というものは、儲ける時もあるが、損する時もある。損したり得をしたりしている間に成功していくものだ』と考えているが、僕はそうは思わんし、そういう見方は間違っていると思う」

幸之助にとって商売は真剣勝負と一緒だった。商売をやる以上、絶対に儲けなければならないというのが幸之助の信念だった。

「商売は時に損することもある」と思っていれば、損も「仕方がない」となるが、**「商売とはかくあるべし」という強い信念を持てば損などするはずがなかった。**

世の中の常識に縛られて妥協するのではなく、「自分はかくありたい」という強い信念をもつことが成功をもたらすことになる。

第48話

自分たちのスピードより、顧客のスピードを重視する

リーダーは、常に世間の求めることに敏感でなければならない

ＩＴ業界の経営者たちは往々にしてせっかちだ。

アップルの創業者スティーブ・ジョブズは、大企業出身の役員が、あるプロジェクトの３ヶ月計画を説明しようとしたところ、「僕は３ヶ月なんて頭は持っていない。僕は一晩で結果を出してほしいんだ」と突き放した。またアマゾンの創業者ジェフ・ベゾスも周りが「これは何ヶ月もかかる」と説得したところ、「48時間あればできるはずだ。僕はやりたいんだ」と強引に推し進めている。

松下幸之助にも、似たところがあった。

ある事業部の経営がうまくいかず、事業部長が交代して立て直すことになった。

新任の事業部長が事情を説明した上で、「半年間は黙って見ていてください。必ず良くします」と言ったところ、幸之助は「半年どころか1年でもなんぼでも待つで」と答えた。

事業部長は幸之助の返事に安堵したが、幸

企業のスピード感と世間のスピード感は違う

之助は続けてこう言った。

「ああ君、私は1年でも2年でも待つけどね、世間が待ってくれるかどうか、それは私は知らんで」

企業のスピード感・論理感と、消費者の求めるスピード感・論理感は、往々にして食い違うことがある。

たとえばあるサービスの問題解決に企業側は半年、1年かかると思っても、消費者は一刻も早く解決してほしいと考えている。

消費者にとって、企業の事情はどうでもいいことだ。

企業の中にいると、とかく企業の時間感覚、論理で動きがちだが、真に成果を上げるには幸之助のように「世間が待ってくれるかどうか」を常に意識することが欠かせない。

第49話

「たった1件か」ではなく「1件も」と考える

「0」はどこまでいっても「0」だが、「1」なら無限の可能性がある

ヤマト運輸の宅急便が、新型コロナウイルスの流行拡大以降、巣ごもり消費の活発化もあり取り扱い個数が急速に伸びている。

2020年5月の個数は1億6000万個を超えているというから驚きだが、44年前、宅急便が日本に誕生した時の初日取り扱い個数はわずか13個だった。

しかし、最初の13個があったからこそ現在へと続く飛躍につながったのだ。

松下幸之助がPHP運動〈繁栄〈Prosperity〉を通して幸福〈Happiness〉と平和〈Peace〉を〉を始めたのは昭和21年（1946）のことである。その後PHP研究所を設立、PHPの研究と普及（営業）活動を開始しているが、そこから発刊されたのが月刊誌『PHP』である。本格的な普及を開始したのは1960年代半ばのことだが、当時PHPを知る人は少なく、書店での取り扱いを依頼するのは大変なことだった。

ある時、四国から帰ってきた普及員（営業

「0」と「1」では大違い

員）が幸之助にこう言った。

「10軒回りましたが、1軒しか引き受けてもらえませんでした」。それを聞いた幸之助は「すごい成果やないか」と喜んでこう続けた。

「10％の確率やな。これなら君、100軒回れば10軒は扱ってくれる。大きな成果に結びつくな。これが0やったら大変や」

「0」というのはどれだけ努力しても0のままだが、1あれば、1を2とし、2を3としていけば、いずれは大きな数字になるというのが幸之助の考え方だった。

たいていの人なら「たった1軒か」となるところを、「1軒とは素晴らしいことや」と「1」に価値を見出す発想。

これによって幸之助は、ＰＨＰや松下電器を大きく成長させることができた。

第50話 自社製品を自分で試さないで市場に出すほど無責任なことはない

自分が使いたいと思えるものを作らないと、いいものは生まれない

トヨタ自動車の元社長・豊田英二は社長時代、毎日、違う車に乗って帰宅するのが習慣だった。時に大きな車もあれば小さな車もある。それを見て近所の人は「さすがトヨタの社長は、たくさんの車をもっている」と感心したものだが、実はその日に完成した車の1台を選び、自ら試乗することで車に問題はないか、改善点はないかを確認していたのだ。

ものづくりで何より大切なのは、社員が自分のつくっている製品に愛着をもっていることだ。自分が使いたいと心の底から思えるものをつくり、実際に愛用するようでないといいものは生まれない。

ある時、松下電器の商品に不良が出たと聞いた松下幸之助は、すぐに営業部長を呼んでこう尋ねた。

「君な、これ、君自身で試してみてから出したのか」

営業部長は自分では試しておらず、製造や技術の人間が「いい」ということで出荷した

自分で確かめもせずに商品を出してはいけない

自分で確かめずに商品を売るリーダー
完璧なものができました!
よし! すぐに売り出そう!!
申し訳ありません!! 不良が見つかり返品の山です
君を信じて売り出したんだぞ!!
自分で確かめてから商品を売るリーダー
完璧なものができました!
商品化する前に私も使ってみよう
ありがとうございます!! すぐに改良します
改良点が二つあった すぐに見直してくれ

と弁解をした。幸之助はこう言った。

「君は、自分が出す品物の味見もせずに、自分で使ってみもせずに出している。蕎麦屋のおじいさんを見習わないかん」

夜鳴き蕎麦屋のおじいさんは、下ごしらえの出汁《だし》をつくる時も、味を見ながら、お客さんに出して恥ずかしくないか、喜んでもらえる味かと心をくだいて仕事をしている。

蕎麦を食べたお客さんの満足した顔を見てはじめて満足をする。それに対して自分が販売する製品を自分で試そうともしないのは、「経営者失格ではないか」と幸之助は言うのだった。

自分がつくるものや販売するものにはとことん責任をもつ。それでこそ本当の意味で「仕事をした」ことになる。

第51話

たとえ勤め人であっても、自分の店だと思って仕事をせよ

「他人事」の仕事など、この世にはない

1950年代半ば、松下電器から発売された新型の電気コタツに不良が見つかり、出荷した全品を回収したことがあった。

松下幸之助は担当の電熱課長を呼び出し、「会社を辞めてくれ」と申し渡した。

戸惑う課長に幸之助はさらに、会社を辞めても困らないようにお金を貸してやるから汁粉屋をやれ、と言った。

そして「（汁粉屋をやるにあたって）明日から何をやるか」と促した。課長は考えた後、有名な汁粉屋が、なぜ流行っているのかを調査し、そこに負けないものをつくるためにはどうするかを研究する、と言った。

その答えを受け、幸之助は近所の人たちに味見をしてもらい、「これでいこう」と決めた味がしっかり出せるように日々実行し、お客様にも「汁粉の味はどうですか」と聞くように勧めた。売値も5円に決まった。そこで幸之助は、こう言った。

「君が5円で売る汁粉屋の店主としても、毎

真剣に取り組めば、すべてがわが事になる

日これだけの努力をせねばならない。君は電熱課長として、何千円もの電化製品を売っている。だから汁粉屋の100倍、200倍の努力をしなくてはいけない」

こう言って幸之助は課長に、「明日から課長としての仕事をしっかりやってくれ」と送り出している。

企業にいると、仕事が「わが事」ではなく、「他人事」になることがある。しかし、つくった製品に不良が出れば損失も出るし、会社の信用も失われることになる。

幸之助が求めたのは自分の仕事を、あたかも自分が経営する商店主のような気持ちで、念には念を入れてやることだった。

仕事には全責任をもつ。その覚悟があってはじめて良い仕事が可能になる。

第52話

お金がなくてもやるべきこと、お金があってもやってはいけないこと

予算がなくても、やらねばならないことにはお金を使う

松下幸之助が名古屋の会合に出席したところ、ある販売店からこんな不満が出た。

松下電器の営業所に「店の看板が汚くなったので書き換えてくれないか」と言ったところ、「予算がないので、次の年度まで待ってくれ」と言われたというのだ。

幸之助は、即刻、営業所の責任者を諭した。事後承諾でもいいから、待たせるのではなく、自分の判断でやるべきだ、と。

「それが必要であり、やらねばならないことであれば、即刻やる。またやってはならないことであれば、仮に金があってもしない」

確かに企業にとって計画や予算は大切だが、それ以上に大切なのはその中身である。

予算があるから必要ないことまでやる、というのは愚かなことだが、やるべきことがあるにもかかわらず「予算がないから」と後回しにしてしまうのはもっと愚かなことだ。

幸之助の経営における基本は「当然なすべきことをなす」ということだ。こう言ってい

やらねばならぬことは即刻やる

販売店
松下電器
ボロッ
看板が……
「なすべきことを後回しにする」会社
「当然なすべきことをなす」会社
そうですすか
予算がないので
来年まで待って
ください
ありがとう
ございます!!
看板は
店の顔です
スグに
直しましょう!!

る。

「なすべきことをなし、なすべからざることをしないようにということを心がけて、ずっと仕事をしてきた。時としては判断を誤って、なすべきことをしなかったり、なすべきでないことをしたこともあった。しかし、心構えとしては、なすべきをなし、なすべからざることをしないということに極力、つとめてきたつもりである」

何をするにしても「なすべきこと」と、「なすべからざること」をしっかり見極めることだ。

なすべきことを迷うことなくやることができれば必ず成功するし、なすべからざることをやるようでは失敗することになる。

第53話

その場しのぎの対処で、信用を失うのは本末転倒

信用さえ失わなければ、お金やものはいくらでも取り戻せる

信用を築き上げるには長い年月がかかるが、失うのはほんの一瞬である。

だから、仕事をする上で最も大切なのは、信用を失わないことだ。

昭和30年代前半、松下電器の炊飯器に不良品が続出し、すぐに解決できず、1年以上も不良品が続いたことがある。

松下幸之助によると、それは1年も不良が解決できないというほど難しい仕事ではなく、ある程度の技術があれば十分に解決できるはずだったが、抜本的な改善策を講じることなく、その場しのぎの改良を続けたことで問題が長期化したと述べている。

本来、問題が起こった時の正しい対処法は「止める」ということだ。

中途半端な修繕をするのではなく、本当に良い製品ができるまで徹底的に原因を調べ、一からやり直すほどの覚悟で臨むべきところを、誰もそれを言わなかった。幸之助自身も「こうしたらどうや、ああしたらどうや」と

問題に対する甘い考えが信用を落とす

部長大変です!!
不良品続出です!!
小手先の対応をするリーダー
抜本的な対応をするリーダー
部品の修繕
だけにして
コストを抑えよう
わかりました……
すぐに返品交換を受け付け、
工場をストップして
原因を究明してくれ
わかりました!!

言うだけで、「今日からストップしなさい」と言わなかったことを反省したという。

そして、そのためらいが「信用を落とす」こととなった。幸之助はこう振り返っている。

「金額の損害は、これは取り返すことができるかもしれないけれども、それによって失った信用というものは、なかなか容易に取り返すことができない」

仕事をしていると様々な問題が起きる。

そんな時、小手先で対応したり、ごまかそうとすると必ず後でしっぺ返しを受けることになる。

守るべきは信用であり、信用さえあれば、お金やものの損失はいくらでも取り返すことができる。

第54話

迷った時は、「出て、見て、問い、聞く」

商品開発に行き詰まったら、お客様に直接聞くのが一番早い

ある若い技術者が商品開発で行き詰まっている時に、先輩からこう言われた。「迷った時にはお客様に聞け」と。

研究室にこもり、頭の中だけで考えていたり、パソコンの画面とにらめっこをしているだけでは、堂々巡りになって方向性は見えてこないし、アイデアも浮かんでこない。

仮に「こうだ」とひらめいたとしても、現場のニーズやお客様のニーズと離れたものになっては失敗に終わる。

ドラッカーによると、イノベーションを起こすためには数字を見るとともに、「人」を見ることが大切になる。

つまり、外に出てお客様やユーザーについて「理解する」ことが欠かせない。

「考える」ことはもちろん大切だが、「出て、見て、問い、聞く」といった作業を抜きにしてはすぐれた製品をつくることはできないのだ。

技術者がそうであるように、企業のスタッ

お客様のニーズを知りたければ「現場」に行け

フや管理職、役員の中には現場との距離が遠く離れ、お客様の声が聞こえなくなっている人もいる。

かつては営業の最前線でお客様一人ひとりにものを売っていた人も、偉くなるにつれて壁が生まれ、大切なお客様の顔も声も見えなくなり、心がわからなくなることがある。

松下幸之助は、**「販売店の心を忘れてはならない」**として、**「部長室におり、会長室におってもよろしい。しかしその心がわかっていなければならない」**と言っている。

商売はお客様の心、販売店の心を理解して初めて成り立つもの。仕事が思うように進まない時、「自分には現場は見えているのか？お客様の心はわかっているのか？」と問いかけることも大切なことなのだ。

第55話

「将来のためには、赤字やむなし」は、なぜダメなのか？

将来のことを考えるのは大事。今のことを考えるのはもっと大事

仕事をしていると、将来の大きな取引のために、赤字やむなしの商売をしてしまうことがある。いわば将来のための投資ということだが、松下幸之助は、こうしたやり方を絶対に認めようとはしなかった。

たとえば、カラーテレビを海外へ輸出する際に、他メーカーが赤字覚悟の「出血輸出」をする中、幸之助は「**貧乏な日本が裕福な国へ損をして売るということは、それ自体根本的に間違っている**」として適正利潤をとった上で商売することを貫いている。

ただ、他社が赤字覚悟で商売をする中、松下電器だけが適正利潤にこだわれば、当然、他社商品よりも高い価格で売らざるをえなくなる。

「安い方がいいから松下電器のものは買わない」というお得意先もあったが、「松下の言うことはもっともだ」として、取引してくれるお得意先もあったという。

一度、二流、三流の評価が付いてしまう

一度付いたレッテルをはがすのは至難の業

やみくもに価格を下げる商売
赤字覚悟でどんどん輸出しよう
はい!!
数年後
すっかり三流企業のイメージが定着してしまった……
適正利潤をくずさない商売
むやみに価格を下げてはいけない
わが社の商品は一流だ
わかりました!!
数年後
わが社の商品が海外でも認められてきたな!
はい!!

と、その後一流の商品を出してもなかなか価格を上げるのは難しい。

企業によっては将来のために、やみくもに価格を下げる所もあるが、幸之助は将来のことを考える一方で、「今日のこと」も考え、「これが正しいのだ」を貫くことで、今日も、そして将来も発展する企業をつくり上げている。

かつてソニーは、アメリカの企業からブランド名を変えれば大口の注文をするという申し出を断ることで「ソニー」というブランドを守り抜いたという。

将来のために、とやみくもに今を犠牲にするのではなく、「今の正しさ」を貫いてこそ将来を見通すことができる。

コラム4 山下俊彦と松下幸之助

「山下跳び」というと昭和39年（1964）の東京オリンピックの跳馬で見事に金メダルを獲得した体操選手・山下治広の「山下跳び」と「新・山下跳び」が有名だ。

しかし、ビジネスの世界における「山下跳び」とは、昭和52年（1977）に松下幸之助が行った抜擢人事がよく知られている。

昭和52年（1977）、当時、社長だった幸之助の娘婿・松下正治は社長を退いて会長となり、後継の３代目社長に全取締役26名中、序列25番目の山下俊彦が抜擢された。そしてこの大抜擢は世間で「山下跳び」として有名になった。

山下俊彦の経歴は異例ずくめだった。

工業高校出身で、関連会社に出向するなど様々な経験をして、冷機事業部長に就任、昭和49年（1974）にようやく取締役に抜擢されたばかりだった。

エリートでもなければ、いわば出戻りのような経歴の持ち主だけに、本来、社長になるはずのなかった人物だが、その人物を相談役である幸之助が抜擢したことに世間は驚いた。

松下電器といえば日本的経営の代表格だけに、これほど年功序列を無視し抜擢人事をしたことは異例中の異例だった。

その後山下は、松下電器のトップでありながら「滅びゆくものの最大の原因は驕り」であるとし、同社を家電王国からエレクトロニクス企業に変身させようと努めている。

松下幸之助の大胆な人事と経営者・山下の先見性は今も高く評価されている。

第5章

道を切りひらく

第56話 「綿密な計画」より、実際に「やってみる」

計画を立てたら、一度実験してみよう

「机上の空論」という言葉がある。

計画を立てるにあたっても、人は様々な状況を想定して万全の計画を立てようとするわけだが、「いざ実行」となって想定外の出来事が起きると、慌てふためくことも少なくない。それを防ぐためには、実際に「やってみる」ことが欠かせない。

昭和45年（1970）に開催された大阪万博には世界77ヵ国、国内32の団体が参加、半年間で世界中から約6400万人もの来場者が訪れるという盛況ぶりだった。

松下グループも幸之助直々に中宮寺の御堂の設計者・吉田五十八《いそや》に依頼して、「伝統と開発」をテーマとする松下館を出展、人気を博している。

開催直前のある日、幸之助は館長を呼んで、「人の出入りの混雑にどう対応するのか」と質問した。館長の説明を一通り聞いた幸之助は言った。

「そうか。それならやれるやろな。けど、実

ぶっつけ本番はやめよう

際にやってみたんか」

確かに計画はできていた。

しかし、実際にやってみなければその通りに事が運ぶかわからない。

幸之助は何百人もの社員を万博会場に集め、3回に及ぶ訓練を重ね、「問題はないか」「改善点はないか」を検証している。

さらに万博が始まって間もなく、幸之助自身が実際に会場を訪れて、入場にどれくらい時間がかかるのかを計測した上で、誘導法の改善や、暑さをしのぐ日除け帽子の配布を指示している。

計画段階でしっかりと考えることは大切だが、それ以上に大切なのは「やってみる」ことであり、やりながら改善を重ねていくことである。

第57話

先例は「倣《なら》う」ためにあるのではなく、「破る」ためにある

「昨日と同じことを繰り返すまい」が、大きな成功をもたらす

若い社員が新しいことを提案してきた時、「そんなのは前例にないからダメだ」と反対していないだろうか。

その提案に無理があるのならともかく、「前例がない」「やったことがない」という理由で反対をしていては、いつまでたっても新しいものは生まれない。「前例主義」は無難ではあっても、成長性に乏しいものだ。

こうした前例主義に対して松下幸之助は「ノー」を突き付け、こう言っている。

「同じことを同じままにいくら繰り返しても、そこには何の進歩もない。先例におとなしく従うのもいいが、先例を破る新しい方法を工夫することの方が大切である」

もちろん新しいことに挑戦すれば、成功もあれば失敗もある。

人は失敗が嫌でつい「今まで通りのやり方」をするわけだが、失敗に対しても幸之助はとても前向きだった。

「とにかく考えてみること、工夫してみるこ

「前例がない」は理由にならない

一度問屋を通さず取引しましょう!
わが社にとって不利益なことは見直しましょう!!
今まですべて問屋に任せてきたからなあ……
前例主義の職場
工夫してやってみる職場
わが社にとって不利益とわかっていて変えないなんて……
やはり前例がないからやめておこう
ありがとうございます!!
よし! わかった!! やってみよう!!

と、**そしてやってみること。**失敗すればやり直せばいい。**やり直してダメなら、もう一度工夫し、もう一度やり直せばいい**」

仕事をしていれば、人はいろいろなことに気付くものだ。「もうちょっとこうした方が楽にできるのになあ」とか、「この仕事は新しく出たあの機械を使うといいのになあ」などと考える。

そんな時には「今まで通りにやれ」ではなく、**やってみればいい**。

成功すればそれを採用すればいいし、失敗しても幸之助の言うように、もう一度工夫してやり直せばいい。

「昨日と同じことを今日は繰り返すまい」という思いが、大きな繁栄をもたらすことになる。

第58話
夢や理想を実現する最も良い方法は、多くの人に「宣言」すること
未来は「やってくるもの」ではなく自ら「つくり上げるもの」

松下幸之助の経営方針は「並足」という言葉が象徴しているように、一足飛びの成長よりも、一歩一歩足元を固めながら成長していくものだが、時には自ら時代をつくっていくという気概も示している。

昭和31年（1956）、松下電器は「向こう5年間で売り上げを4倍にしよう」という「5ヶ年計画」を発表した。当時、そのような発表をする企業はなかったが、「自分たちの会社の発展が社会の発展につながる」という信念の下、率先して計画を公表している。

さらに昭和35年（1960）には「国際競争に打ち勝つために週2日の休日を目標に働こう」と「週5日制」も発表している。

こうした計画に世間は「本当にそんなことができるのか」と懐疑的だったが、「5ヶ年計画」は4年で目標としていた売り上げ800億円を達成したばかりか、5ヶ年計画の最終年には販売額は1000億円を超えた。

さらに週5日制も昭和40年（1965）に

あえて高い目標を掲げて未来をつくり上げる

なりゆき任せの人
今期はいくらいきそうだ？
3ヶ月くらいしないとわかりません
半年後
目標をもってやったのか？
未達だな
70万円でした
大きな目標を掲げて取り組む人
今期はいくらいきそうだ？
1000万円です!!
半年後
大きな目標をクリアしたな
おかげさまで1500万円いきました!!

は実現している。

なぜこうした先進的な目標を掲げ実現できたのか？　幸之助はこう話している。

「経営者が日々熱心に仕事をしていれば、自らの商売なり経営について『こうやってみたい、こうありたい』といった希望なり理想があるはずです。それを社員に訴え、その実現にともに努めていくということを大いにやるべきだと思います」

幸之助の基本は、素直な心で謙虚にものごとを見つつ、一歩一歩確実にやっていくことだが、一方で**「こうやってみたい、かくありたい」という理想があれば、果敢に挑戦し、自ら時代をつくっていくことも辞さなかった。未来を予測する最も良い方法は、未来をつくり上げることなのだ。**

第59話

時は「待つ」のではなく「引き寄せる」

時機を見ることは大事、自ら仕掛けていくことはもっと大事

かつて松下電器のことを「マネシタ電器」と非難する人がいた。

ソニーなどライバル企業がヒット商品をつくると、技術力と資金力に勝る松下電器が改良品を大量につくり、利益を上げるやり方を揶揄《やゆ》した言葉だ。

しかし、松下電器にはもともと新しい市場を先陣を切って開拓してきた歴史がある。

たとえば大正12年（1923）、松下幸之助は自転車の砲弾型電池ランプの製造販売に取りかかっている。

当時のアセチレンランプは高価で不便だった。電池式もあるにはあったが、2〜3時間で消耗してしまうため役には立たなかった。

一方、幸之助の考案したランプは、30〜40時間は使えるすぐれものだ。

幸之助は自信満々で販売したものの、電器店はどこも相手にしてくれなかった。

それならと自転車屋の開拓に取り組んだものの、それもうまくいかない。

ニーズがなければつくり出せ!!

今までより
ずっと
長持ちするぞ!!
自転車の
砲弾型電池ランプ
皆さんのお役に立つ
いい商品です!!　ぜひ
取り扱っていただけませんか?
ダメダメ!!
従来の商品で
間に合ってるよ!
自転車店
それでは、
3個置かせてください。
お代は売れたらで
けっこうです
自転車店
じゃあ、やってみようか
ありがとう
ございます
あっという間に
売れてしまったよ～
追加を頼む!!
自転車店

そこで幸之助は大阪中の小売店に2、3個ずつランプを預け、売れれば代金を払ってくださいという方法を提案して、成功した。

こんなこともあった。昭和9年（1934）、関西の重電機メーカーが倒産、関西にモーターメーカーがなくなった。そこで幸之助はモーター部門への進出を決意するが、周囲は反対する。そこで幸之助はこう言った。

「今、皆さんの家庭でモーターを使っている所があるか。誰も使っていないということは無限の市場があるということだ」

「ニーズがない」のなら「ニーズをつくれば」いい。幸之助には「時を待つ」だけでなく「時を引き寄せる」強さもあった。

こうして信頼を得た松下電器は、その後、発展への基礎を築いた。

第60話 当たり前と思われていることにこそ、疑いの目を向ける

昨日通用したことが、今日通用するとは限らない

コンサルタントのAさんは、ある時繊維関係の会社の経営者から、「仕事は忙しいのに思うように利益が上がらない」という相談を受けた。

早速、会社を訪ねてみたところ、材料の糸が倉庫に積み上げられていた。

Aさんが「どうしてこんなに在庫が多いのですか」と質問したところ、「長年の慣習だ」と言う。そこで、「糸はどのくらいで納入されるのですか」と質問したところ、担当者の答えは「2、3日で」だった。

2、3日で納品されるなら、在庫は数日分でいい。

ところが、長年の慣習から何ヶ月分もの在庫を積み上げ、経営を圧迫していた。慣習や思いこみにはこんな怖さがある。

松下幸之助は、こう指摘している。

「人間というものは、過去の常識とか通念というものからなかなか離れられないものである。しかし、時代は刻々と移り変わってい

過去の常識は今の非常識

忙しいのに
売り上げが上がらないんです……
一度御社を
見せてください
原材料の
在庫ですよ
これは!?
昔からの
慣習なんです
なぜ
こんなに
在庫が!?
すぐに
見直します!!
納品が
2〜3日なら
こんなに
在庫は
いりません

く。**昨日、是とされたことが、今日もそのまま通用するとは限らない」**

経営者がコンサルタントの指摘に従って在庫を削減したところ、倉庫からは在庫の山が消えただけでなく、経営上の数字も大幅に改善した。

大切なのは、**過去の常識や商慣習、固定観念に縛られることなく、常に新しい目でものごとを見ていくことである**。

そうすれば改善すべき点はいくつも見えてくるし、新たな発想も生まれる。

みんなが当たり前と信じ込んでいる「常識」も時には「本当だろうか？」と疑いの目を向ける。

それが「昨日の是」ではなく、「今日の是」「未来の是」を見つけるコツである。

第61話 リーダーは世論に従う素直さと、自らの意志を貫く力強さをもつ

概ね「世間は正しい」が、時に反してやることも必要

松下幸之助の経営の基本は、「世間は正しい」である。

世間はいい加減で信用できないものと考えれば、だましたり、ごまかしたりしてもいい、ということになるが、「世間は正しい」と考えれば、世間の求めに応じた経営をしていこうということになる。

もちろん世の中のすべての人が正しいわけではないし、世論は一時的には誤った方向に流れることもある。しかし、全体として見れば正しい方向に向かう、というのが幸之助の考え方だ。

たとえば、グーグルも「何が正しいかは大衆が決める」という考え方をもっている。

それだけにもし経営に誤りがあれば、世間はその企業や製品を批判し排斥するが、世の中のためを考え、正しい経営をしていれば、自ずとそれを認め、受け入れてくれる。

では、何でも世論の言う通りにやっていればいいかというと、そうではない。幸之助は

こう言っている。

「経営者というものは概ね世論に従う。世論の上に立って采配していくことはよろしい。しかし、時には世論に反してやることが必要やということですな。それが見えるか見えんかという問題ですな」

桶狭間の戦いで織田信長は「籠城しかない」という周囲の意見に反して奇襲を仕掛けることで今川義元の首を取り、天下取りへの一歩を踏み出した。もし信長が周りの意見に流されていたら彼の命運は尽きていたはずだが、それに反して自らの考えを貫いたことで運命を切り開いている。

道を切り開くために、リーダーには世間の声に耳を傾ける素直さと、時に世論に反してでも自らの意思を貫く強さが欠かせない。

第62話 「知恵」「知識」「才覚」よりも「熱意」が大事

うまくいかない時は、熱意が最高かどうかを点検せよ

アップルの創業者スティーブ・ジョブズと松下幸之助はよく似ている。

ジョブズがアップルを創業したのは21歳の時だが、当時のジョブズは大学を中退したお金も技術も人脈も経営手腕もない「ないないづくしの若者」に過ぎなかった。

にもかかわらず、「世界を変える」「宇宙に衝撃を与える」という桁外れのビジョンと、溢れるほどの情熱をもってみんなを巻き込み、アップルを成功へと導いている。

松下幸之助も同様だ。

小学校を中退して丁稚奉公に出た病弱な幸之助には学歴もお金も人脈も卓越した技術も知識もなかったが、ただ一つ圧倒的な熱意と使命感で世界の松下電器をつくり上げている。

「知恵や知識や才覚というようなものは、必ずしも最高でなくてもいい。しかし熱意だけは最高でなくてはならない」

1人の人間がメラメラと必死の思いを発し

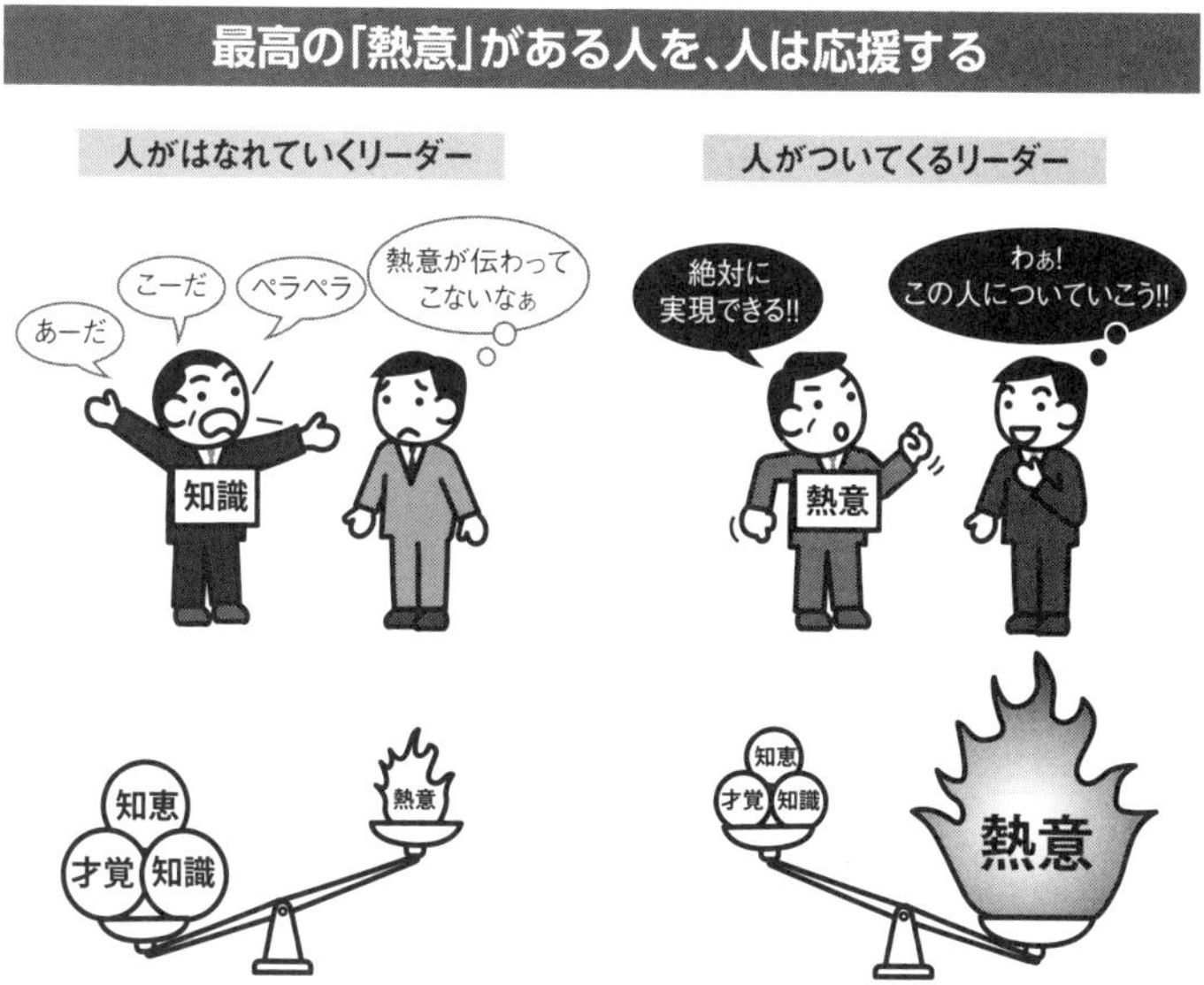
最高の「熱意」がある人を、人は応援する
人がはなれていくリーダー
人がついてくるリーダー
あーだ
こーだ
ペラペラ
熱意が伝わってこないなぁ
知識
絶対に実現できる!!
わぁ!この人についていこう!!
熱意
知恵
才覚
知識
熱意
知恵
才覚
知識
熱意

ていると、それは周囲に伝わるもので、「そんなにやりたいのなら、少し手助けしてみようか」という人が現れる。

並外れた熱意があれば、「われわれも働いてやろうやないか」という気分が社員の間に生まれる。

幸之助の成功は、並外れた熱意が周囲を動かすことでもたらされたものだった。

幸之助によると、創業者が苦労してつくった会社を時として2代目、3代目が潰すのは「熱意」に差があるからだという。

熱意がなければ人はついてこないし、「助けてやろう」という人も現れない。

ものごとが上手くいかない時、まず考えてみるべきは**「自分は本気なのか、自分の熱意は足りているのか」**なのである。

第63話

「できない理由」を考える暇があったら「どうすればできるか」を考える

「簡単にできる」と思うと、本当にできるようになる

スティーブ・ジョブズ率いるアップルに、ある大企業から転職した人が、変革の3ヶ月計画を説明し始めたところ、ジョブズはこう言い放った。

「それは君がいた企業でのやり方かもしれないが、僕は3ヶ月なんて頭は持っていないんだ。僕はね、一晩で成果を上げてほしいんだよ」

何とも無茶な話だが、こうしたジョブズの並外れたスピードへの執着こそが、圧倒的な成果を生みだす秘訣でもあった。

ある技術者に、幸之助が「1週間で必ずできると思わないとあかん」と話したところ、「それは難しい。技術はそんなに簡単にできるものではない」と反論された。

確かに常識からすれば技術者の言う通りだが、幸之助はこうたたみかけた。

「そういうように思うたら、きみ、永遠にできへんで。簡単にできると思うからこそやれるんだ。難しいと思っていたら、きみ、永遠

「できない」と思うと、永遠にできない

できない理由をさがす人
目標が高すぎる……
僕には無理だ
やっぱり目標達成できなかった……
必ずできると思う人
よし!! ボクにはできる!!
売上目標1000万なんて簡単だ
やった!! 目標達成できた!!

にできへん」

ある仕事を、これまでの経験から、「1年はかかる」と思いこんでしまえば、必ず1年かかってしまう。せいぜいがんばっても1ヶ月早まればいいほうだ。

ところが、「これまでは1年かかっていたが、何とか半年でできないか、いや3ヶ月でできないか」と考えれば、そこからたくさんの知恵や工夫が生まれ、結果的に半年どころか3ヶ月でできてしまう。

やる前から「無理」「できない」と思っていたら、どんな小さな進歩もあり得ない。

1人でもいいから幸之助のように、「1週間で必ずできる」と考える人がいるからこそ不可能も可能になるし、そこに大きな進歩が生まれるのだ。

第64話

頭の中を知識や経験で一杯にしてはいけない。必ずすきまを残しておく

すきまを残しておけば、そこに新しいアイデアや発想が入ってくる

ある事務機器メーカーが、自社の技術者は「何でもわかっている症候群にかかっている」と分析した。

プロである以上、自分のつくる製品について誰より詳しいのは当然だ。一方で「自分たち以上にわかっている人間はいない、自分たちのつくるものは最高だ」となってしまっては、ユーザーの声が耳に入らなくなる。

そこで、そのメーカーは技術者を、製品を使っている企業に「弟子入り」と称して短期間派遣し、お客様と一緒に製品を使うことにした。

やがて技術者たちはユーザーの思いがけない使い方や不便さを知ることで、「わかっている症候群」を脱することができた。

ある時、松下幸之助は技術責任者を集めてこう言った。

「一流のうちには入っていますけれども、最高ではございません」

そして、技術を最高にまで高めるには何が

自分は何でも知っていると思ったら進歩は止まる

必要かについて、こうアドバイスした。

「あるものに集中するが、それにとらわれてしまってはいけない。頭が一杯に詰まってしまうと、ほかにもっといいことを聞いても入らない。これではいけない。われわれはどんなことが入っても、それをつまらせたらいけない、まだすきまを置いておく」

幸之助によると、**常に「すきま」をあけておけば、新しい技術やお客様のニーズ、あるいは世の中の変化など「なんぼでも次々と、海綿のごとく吸収していく」ことができる。そこに新しい発見も生まれるという。**

「自分は何でも知っている」と思ったら、そこで進歩は止まってしまう。プロとしての知識や技術は備えた上で、さらに柔軟に学び取り入れ続けてこそ本物のプロになれる。

第65話

「見る」「聞く」よりも「まずやってみる」

見たこと、聞いたことでわかったつもりになってはいけない

トヨタ式に「百聞は一見に如かず、百見は一行に如かず」という言葉がある。

「百聞は一見に如かず」はよく知られた諺《ことわざ》で、人から100回話を聞いてもわからなかったものも、1回見れば「ああ、こういうものか」とすぐに理解することができるということだ。

同様に「百見は一行に如かず」は、100回見てわからなかったものも、1回体験してみれば、「ああ、こういうことだったのか」と理解することができる、という意味だ。

たとえば新しいアイデアについて机上で何回議論しても結論が出ない時、実際にものをつくってみるとか、実際にそれを小さくやってみれば、いいか悪いかかがすぐにわかるし、問題点もすぐわかる。

机上での議論より、「まずやってみる」ことの大切さを教えてくれる言葉だ。

松下幸之助も、「塩」を例にこんな話をしている。

「百聞は一験に如かず」

机上の空論の人
あーだ
こーだ
新商品の
問題点だが
数時間後
いつまで
この議論が
続くん
だろう……
つくってみた方が
早いのに……
まずやってみる人
まず試作品を
つくってみましょう
新商品の
問題点だが……
いいね
それ!
数日後
つくってみると
問題点が
すぐに見つかった
よかった
試作品

「塩を見れば、『ああ、塩というのは白いもので、こんな感じのものなんだ』ということはわかります。しかし、塩の辛さといったものは、いくら頭で考えたり、目で見たりしてもわかるものではないでしょう」

では、どうすればわかるかというと、「まず、自分で一口なめてみる。自ら味わってみて初めて塩というものがわかる」ように、**多くのことは頭で考えたり、本を読むだけではダメで、まずは体験してみる、実際にやってみることが大切になる。**

そうすればそこには成功も失敗もあるが、そのどちらも貴重な体験として多くのことを学ぶことができる。

「百聞は一験（体験）に如かず」が、幸之助流の学びである。

第66話

夢や理想を語るなら、まず自分自身が「実現できる」と信じなさい

心の奥底で「無理だ」と思っていたら絶対かなわない

松下幸之助の指導者としての魂の根幹には、常に「かくあらねばならぬ」「かくありたい」という強い思いがあった。そしてその思いが強ければ強いほど、それが実現できるというのが幸之助の信念だった。

昭和38年（1963）、幸之助は国際経営科学委員会（CIOS）の招きにより、ニューヨークで開かれた第13回CIOS国際経営会議に出席、「私の経営哲学」と題する講演を行っている。

外国での公開講演は幸之助にとって初めての経験だったが、ここでも堂々と自らの信念を参加者に語りかけている。

経営理念について語った幸之助は、世界で問題になっていた「過当競争」に触れ、競争自体は人々を刺激して、より高い進歩を生みだすものの、それが行きすぎると過当競争になるためお互いの良識をもって除去するように努めなければならないと説いている。

この説に対して、1人の質問者が「人間に

リーダーが「必ずできる」と思えば、できる

は欲があり、過当競争は絶対になくならない」と反論したところ、幸之助は「**あなたがそんなことをおっしゃるのは、心の中で過当競争はなくならんと思っているからでしょう。それではいかんのです**」と諭した上で、こう言った。

「**過当競争は完全になくせます。みんなが過当競争は罪悪である、そういうことをしてはならんと深く決心すれば直ちになくなります**」

人は口では理想を語りながらも、心のどこかで「そんなの無理だ」と冷めた考えをもっていることがある。

しかし、それではいつまでたっても理想や夢が成就することはない。**理想や夢を語るなら、まず自分が本気で信じることだ。**

第67話 松下電器が、銀行に匹敵する資金をもつことができた理由

「何としても2階へ上がりたい」。この熱意が梯子を思いつかせる

松下幸之助は世間から「経営の神様」と称されているが、そんな幸之助にも「お師匠さん」と呼ぶ経営者がいる。トヨタ自動車「中興の祖」と呼ばれる石田退三だ。

昭和25年（1950）にトヨタは倒産の危機に直面している。その時、2000人近い社員の解雇と、創業者である豊田喜一郎の社長退陣を条件に銀行からの融資を得て危機を乗り切ることができたが、豊田に代わって社長に就任したのが石田である。

当初、「貧乏くじを引いた」と言われた石田だが、直後に起きた朝鮮戦争に際しての見事な経営手腕が功を奏して、トヨタは「トヨタ銀行」と呼ばれるほど潤沢な資金を持つ企業へと大変身を遂げることができた。

そんな石田に幸之助はかつて「借金せんでも経営できる方法を教えてもらいたいな」と質問したところ、石田の答えは「金をためりゃええがや、ただそれだけのこっちゃ」だった。

すべては「熱意」から始まる

はた目には何の答えにもなっていないようにも思えるが、幸之助はその言葉を真剣に受け止めて、やがて松下電器を「松下銀行」と呼ばれるほどの資金力のある企業に成長させている。

のちに幸之助は、石田にこう言っている。

「何としても2階へ上がりたい。どうしても2階へ上がろう。この熱意が梯子《はしご》を思いつかせ、階段をつくり上げる。上がっても上がらなくても、と考えている人の頭からは、決して梯子は生まれない。才能がつくるのではない。熱意がつくるのだ」

「借金をしなくても経営できる会社」は、結果として生まれるわけではない。何が何でも「借金をしなくても経営できる会社」をつくりたいと願うから実現できるのである。

コラム 5 高橋荒太郎と松下幸之助

アメリカのベンチャーキャピタルによると、成功した企業は２人で創業したケースが多いという。

確かにアップルもマイクロソフトも、日本のホンダもソニーも２人の経営者によってつくられ成功を収めている。

松下電器は松下幸之助１人でつくられているが、創業から18年後の昭和11年（1936）に高橋荒太郎という、のちに「松下の大番頭」と呼ばれる人物が入社、幸之助を長期にわたって支え続けている。

幸之助は優れた経営者だが、いかに統率力や経営力に優れていても、すべてを１人でこなすことは不可能である。

組織を動かし、危機を乗り越え、企業を「生成発展」させていくためには、それを支えるナンバーツーの存在が欠かせない。

トヨタ自動車にも何人かの優れた番頭がいたが、幸之助の高橋に対する信頼は絶大なものがあった。

昭和27年（1952）、松下電器はオランダのフィリップス社と提携しているが、幸之助は同社を選んだ理由として「フィリップスが特にいいと思ったのは、フィリップスに僕の会社で言うたら高橋みたいな人がおるんですわ」と言っている。

この言葉からも、いかに幸之助が高橋を頼りにしていたかがよくわかる。

松下電器は経営理念を大切にした会社として知られているが、「理念にもとる経営をしないように」と目を光らせていたのが高橋荒太郎だった。

第6章

経営のコツ

第68話 松下電器が不景気の時に事業が伸びたのはなぜか？

好況時に、不況時のことを考えておけば「不況またよし」

経済学的には、景気は循環するものである。

つまり、好況と不況は交互にやってくるものだが、時に好況がバブルと呼ばれるほど熱狂的なものになることもあれば、不況が行きすぎて恐慌を引き起こすこともある。

いずれにしても永久に好況が続くことがないように、不況が永遠に続くこともない。

そこで、松下幸之助は「好景気よし、不景気さらによし」という気構えで経営に臨んでいた。

なぜそのように思えたのだろうか？

たとえば昔の農業は天候に左右されたため、収穫のいかんによって自然現象のように好不況が訪れた。

しかし、科学技術が発達した時代において経済現象は、人間が生みだすものであり、だとしたら人間が経済に振り回されるのではなく、人間が経済を動かすべきだと考えていたからだ。

好況時こそ気を引きしめる

好況の時に忙しいからと
サービスを怠る
好況の時から
いいサービスを心がける
満席でいつ入れるか
わかりません
ああ忙しい!!
忙しくても
気にかけて
くれるんだな
お待たせして
申し訳ありません
おまちいただく間、
お召し上がり
ください
不況になると
今日も
お客ゼロ
不況だから
仕方ないな
また来たよ!
小林様
いつもご来店
ありがとう
ございます!!

その考えで経営すれば、好況も不況も決して悪いものではない。

景気が良くて忙しいと、ついサービスを怠りがちになるが、それでは不況になった時に困ることになる。

そこで、好況時から良いサービスを心がけ、不況の時には「本当にいいものだけが買われる」と覚悟してものづくりに励めば、不況がかえって発展のチャンスとなってくる。

大切なのは、**好況、不況にかかわらず、常日頃から商売の本道を踏まえて、一つひとつの仕事をきちんと正しくやっていくことだ。**

そうすれば、景気に関係なくいつだって成功し続けることができる。

第69話

どんなにお金に困っても心を売るような商売をしてはいけない

その場しのぎの商品を売っても、信用を落としては意味がない

戦後の数年間、松下電器はＧＨＱの占領政策により、財閥指定をはじめ７つの制限を課せられ、思うような経済活動ができなかった。会社も松下幸之助も借金だらけになり、一時は税金滞納ナンバーワンになっている。

中でも多額の赤字を出していたのが真空管工場である。

真空管はその後、トランジスタやＩＣに取って代わられるが、戦後間もない時期にはラジオにも真空管を使うなど、家電製品には欠かせない部品だった。

しかし、当時の松下にはまだ最高のものをつくる力はなく、他社から真空管を購入してラジオを組み立てていた。

それだけに幸之助はどんなに赤字が出ても、真空管工場を育て、自社で納得のいく真空管をつくりたいという思いが強かった。

ところが、そんな幸之助の思いに反して、真空管工場の工場長は、品質が劣る二級品の真空管３万本を、秋葉原の商人に１００万円

商売人はものを売っても心を売ってはならない

で売ってしまった。

それを聞いた幸之助は、激怒した。

工場長は社員に給料を払い、材料を買うために仕方のないことだったと弁解したが、幸之助は工場長にこう言った。

「いかに金が苦しくても、心を売ってはならん。事業というものは、一銭の金も惜しんで経営すべきものである。しかし、時と場合によっては、100万円の金を惜しんではならんことがあるのだ」

苦しい経営を何とかしたいという思いで工場長は真空管を売り払ったが、そんな品物が世に出回っては松下電器のブランドも信用も地に落ちる。

仕事にはプライドと志のために歯を食いしばって耐えなければならない時もあるのだ。

第70話 なぜ赤字を出したら、公道の真ん中を歩いてはいけないのか？

赤字で税金を払えないというのは経営者として恥ずべきこと

今の時代、シェアを獲得するためには赤字はやむなく、「今の利益」を「未来の投資」に向ける方がいいという考え方がある。

しかし、かつては、黒字を出して税金を払うことこそが社会貢献であり、赤字というのは経営者として恥ずべきことであると考える経営者が少なくなかった。

「おかゆをすすっても税金を払う」はトヨタ自動車に伝わる言葉である。

松下幸之助も企業はどんな社会情勢にあっても、適正利益を上げ、それを税金として国家、社会に還元すべきで、赤字を出すことは企業として社会的責任を果たしていないことだと信じていた。

1950年代後半の話だ。

扇風機事業部長が呼ばれ、幸之助から「先月の決算はどうか」と聞かれ、「赤字です」と答えたことがある。扇風機は季節商品であり、最盛期以外は赤字になるのも仕方がないというのが事業部長の言い分だった。

知恵を出して赤字を脱却してみせるという気概をもつ

そんな事業部長に、幸之助はこう言った。

「君はどの道を歩いてきた。小さくなって、すみのすみを歩いてきただろうな」

道は税金でつくられた公道である。その道を赤字で税金も払えない事業の責任者が、堂々と歩くなどおこがましいというのが幸之助の話だった。

「何もそこまで」というほど手厳しい言葉だが、背景にあったのは**経営者として赤字を恥じ、知恵を出して赤字を脱却するという気概をもたなければならないという強い思いだった。**

事業部長はその後、換気扇の開発に着手、扇風機だけに頼らない経営を実現した。

経営者には、いつの時代も社会的責任を負っているという自覚が欠かせないのだ。

第71話

成長を急ぎすぎる人が失敗するのはなぜだろう

時間をかけるべきところを、端折《はしょ》ろうとするから反動がくる

今から十数年前、ある新聞がトヨタの「人づくり」についてこんな記事を書いたことがある。

「買収に『30年』と『30分』があるなら、トヨタは例外なく前者を選ぶ。『時価』で値踏みする市場関係者は（トヨタは）『躍動感に欠ける』と見るが、意に介さない」

ちょうどその頃、ある新興企業が「30分」の立会外取引である企業の買収を行ったのに対し、トヨタは経営再建中のある企業の買収にあたり、「人づくりは10年単位の仕事だ」とじっくり時間をかけて立て直していくことを表明した。一方、30分で買収を行った新興企業はその後、市場から消え去っている。

松下幸之助は、企業の成長に関してこんな言葉を遺している。

「最も好ましい姿は何か。『並足』である。全く普通の歩き方で、たゆまずに進んでいく」

幸之助は高度成長の最中に、日本の急速な

愚直に「並足」で進み続ける勇気をもつ

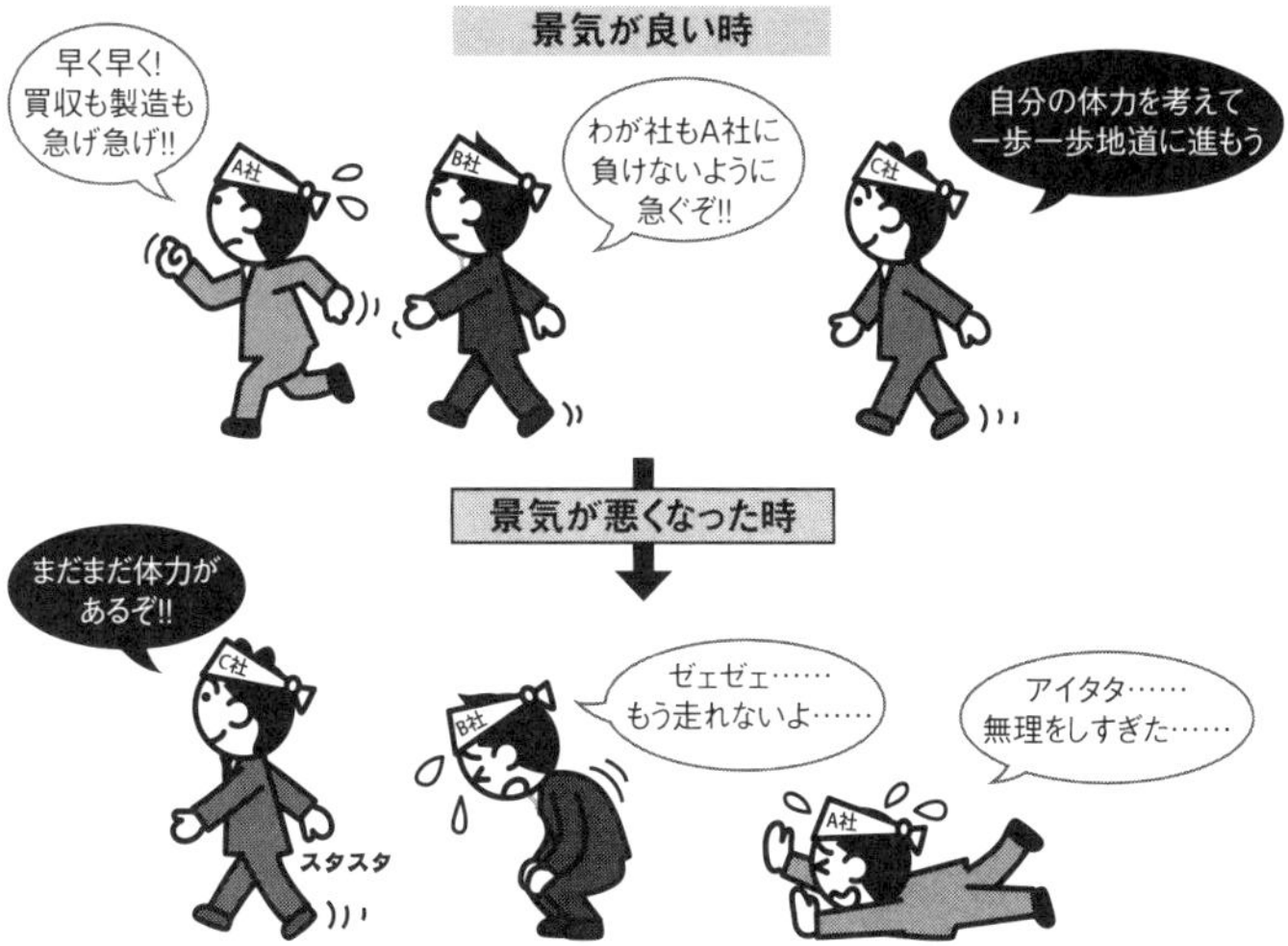
景気が良い時
早く早く!
買収も製造も
急げ急げ!!
A社
B社
わが社もA社に
負けないように
急ぐぞ!!
C社
自分の体力を考えて
一歩一歩地道に進もう
景気が悪くなった時
まだまだ体力が
あるぞ!!
C社
スタスタ
B社
ゼェゼェ……
もう走れないよ……
A社
アイタタ……
無理をしすぎた……

成長を「かけ足をしている状態だ」として大いに憂慮していた。

かけ足ならば、確かに一時期はトップに立つことができる。

しかし、体力が伴わないとやがて息が続かなくなる。しかも、下手をするとオーバーヒート状態になって、止まったり、走れなくなって棄権することになりかねない。

では、「速足」ならどうだろう。かけ足よりは長続きしたとしても、やはりどこかに無理は出る。

人は時代に乗り遅れまいと無理をすることがある。しかし、体力が伴わなければいずれは大けがをする。

たとえ**愚直と言われても、地道にしっかりと進み続ける勇気も大切なのである。**

第72話 守るべきものを守りつつ、同じやり方に固執しない

「日に新た」の気持ちをもつと、経営理念が生きてくる

企業や商店を経営する上で、「正しい経営理念」をもたなければならないというのが松下幸之助の考え方である。

では、正しい経営理念さえ守っていれば成功できるのかというと、そうではない。

たとえば、長い歴史と伝統をもった「老舗《しにせ》」といわれるところが、時に経営に行き詰まることがある。では、そういうところが正しい経営理念をもたなかったかというと、どこにも負けないような立派な経営理念をもち、それを守り続けていたりする。

にもかかわらず、なぜ行き詰まるのか？

それは旧態依然とした経営のやり方が、今の時代にそぐわなくなってきているからだ。

老舗というのはえてして過去に大きな成功を収めた経験がある。しかし、過去に成功したやり方はいつまでも通用しない。時代が変わり、お客様のニーズが変化すれば、そのやり方は通用しなくなることもある。

世の中には何十年も愛されるロングセラー

「伝統」＝「同じことの繰り返し」ではない

商品があるが、これらの多くも「当時のまま」ではなく、少しずつだが「今に合う」ように変わり続けているからこそ長く愛されている。

会社も同じで、立派な経営理念に基づきつつ、経営のやり方は今の時代に合わせて変えること。

「経営理念を現実の経営の上にあらわすその時々の方針なり、方策というものは、これは決して一定不変のものではない。その時代時代によって変わっていくものでなければならない。『日に新た』でなければならない」

大切なのは、守るべきものは守りながらも、実際の経営では昨日より今日、今日より明日へと、常により良きものを生みだしていくことなのである。

第73話

仕事は、不景気の時よりも順調な時のほうが危ない

社員の油断や気持ちの緩みに気を配れ

「10年もうまくいったら、どこかに必ず緩みが出てくる」と松下幸之助は言っていた。

会社が10年も続けて順調に伸び続ければ、リーダーがどれほど慎重でも、社内には油断が生まれ、あちこちに綻びが生じる。不景気よりもこうした緩みのほうが怖いというのが幸之助の見方だった。

昭和39年（1964）、幸之助は熱海会談を経て営業本部長代行に就任するが、販売代理店などから聞こえてきたのは、「松下電器の品物は一流の商品であると、われわれは誇りをもっていた。ところが最近は非常に不良品が多い」という不満の声だった。

松下電器の製品が他社より高くても売れたのは、商品に対するユーザーの信頼があったからだが、そこが崩れてしまっては販売改革どころではない。

松下電器が小さかった頃の取引先は、松下電器より大きい会社が多かったし、仮に小さい会社と取引をする時は、経営者が立派で、

怖いのは不景気よりも順調な時の気の緩み

惰性で仕事をするケース
○○製作所の部材に、最近不良品が多いのですが……
今は業績も良いんだし、あそことは長い付き合いだから
多少のことはいいだろう
○○製作所の部材が原因で大量にクレームがきています
ええー!?
日々改善を図るケース
○○製作所の部材に、最近不良品が多いのですが……
早急に改善を申し入れよう!!
最近○○製作所の不良品がめっきりなくなりました!
よかった!!

松下電器がいずれ成功すると見込んだ場合だった。

ところが、松下電器が大きくなるにつれ、事業部長は「昔からの付き合いだから」といった理由で取引先を選ぶようになった。

経営者の人柄も気にしなければ、仕入れる品物の品質も吟味しない。これでは品質が向上しないどころか不良品が出るのも仕方がない。幸之助はこう言った。

「ただ単に形を補って、惰力で車が動いているといった状態でやっていたのでは大変なことになる。惰性の力というものは、やがてそれは停止してしまうことになります」

うまくいってなお日々反省し、日々進歩を図る。そんな努力があってこそ、本当の意味で成長し続けることができる。

第74話

会社や組織がどこまで大きくなるかは、世間が決める

私利私欲にとらわれていると、いつしか世間から退場を余儀なくされる

企業というのは、ただ大きいだけでは社会から評価されず、「社徳」というものがあるというのが、トヨタの元社長・奥田《おくだ》碩《ひろし》の考え方だ。

社徳のない企業が莫大な利益を出しても世間は歓迎してくれないないし尊敬もしないが、「社徳」があれば世間はその企業の成長を応援してくれる。

昭和30年（1955）、社内報の座談会で、松下幸之助は若い社員から「会社をどこまで大きくしたいと考えておられるのですか」と問われてこう答えている。

「どこまで大きくするかという答えは、私たちの働きの態度を見て、社会がこれを決めてくれるのです」

企業も人も、「かくありたい」と願うのは自由だし大切なことだが、自分の意思だけで望み通りに成長できるわけではない。

どれほど利益を上げたとしても、世間が社会のためにならないと判断すれば、その企業

「社徳」がある会社、ない会社の違い

はやがて存在できなくなる。

反対に社会のためにと懸命に努力を続ける企業は、たとえ不遇の時代があったとしても、やがて世間から認められ、無限に発展できるようになれる。

幸之助がわずかの人数で起業した松下電器はやがて大を成したが、それは自分たちの力だけではなく、大衆の支持があったからこそ可能になった、というのが幸之助の考え方である。

会社の名誉とか私利私欲のための大きな目標を実現するのは難しいが、そこに世のため人のためになる、という強い使命感があればたいていの目標は実現できる。

第75話 協力会社に値下げを要求する時は、改善策とセットで行う

「自分たちさえよければ」ではなく「共に繁栄しよう」

企業が利益を上げながら成長発展していくためには、絶えざるコストダウンが欠かせない。そして、コストダウンには2つのやり方がある。

一つは自分たちのつくり方を改善し続けることでコストを下げていく方法、もう一つは部品などを供給してくれる協力会社からの仕入れ価格を下げていく方法だ。

当然、前者があってこその後者なのだが、中には協力会社ばかりに犠牲を強いる企業もある。ある意味、「利益の収奪」だが、こうしたやり方を松下幸之助は大いに嫌っていた。

「関係先の犠牲において、自らの発展を図るようなことは許されないことであり、それは結局自分をも損なうことになる。すべての関係先との共存共栄を考えていくことが大切であり、それが企業自体を長きにわたって発展させる唯一の道である」

幸之助が協力会社に値下げを要求する時

関係先と共存共栄を図ることこそ長期発展の道となる

協力会社に犠牲を強いるやり方
わが社の収益が落ちている
仕入れ価格を下げてくれ
協力会社
なんだよ!!
自分の会社のことばっかり!!!
協力会社
協力会社とともに栄えるやり方
わが社とともにコストダウンに取り組んでほしい
御社の利益を損ねず進めていきたい
わかりました
協力会社
工場内の整理整とんをしましょう
在庫は必要な分だけ持つようにしましょう
なるほど!!まだやれることはある!!
協力会社

は、実際に工場を見せてもらって、「こうすれば安くつくれますよ」といった改善の提案をすることを忘れなかった。

さらに協力会社が「値下げをしてもなお利益を出せるようになって」初めて価格の引き下げを求めていた。

こうした自社だけでなく、協力会社も儲かるやり方こそが、幸之助の言う「共存共栄」である。

企業活動は「一将功《いっしょうこう》なりて万骨《ばんこつ》枯《か》る」では意味がない。

自分の会社だけが栄えるというのは、一時的にはあったとしても、決して長続きすることはない。

共存共栄なくして真の発展や繁栄はあり得ない、というのが幸之助の考え方だった。

第76話 優れた経営力をもつことほど、社会にインパクトを与えるものはない

「経営力」は、一生かけてでも手に入れるべき価値あるもの

松下幸之助ほど、自分の「経営」に強い自信をもっていた人はいないのではないだろうか。

昭和27年（1952）、松下電器は自社の技術力を高めるためにオランダのフィリップス社と提携、松下電子工業を設立している。提携の条件はイニシャル・ペイメント（前払い金のようなもの）55万ドル、株式参加30%のほかに技術指導料7%の要求だった。いずれも松下電器がフィリップス社に払うものばかりだが、ここで幸之助は、こんな主張をした。

「どんな優れた技術でも経営力がなければうまくいかない。松下電器には優れた経営力がある。御社がわが社に技術指導料を求めるのと同じように、わが社も御社に経営指導料を求める」というものだった。

当初、フィリップス社は「そんな主張は聞いたこともない」と難色を示したものの、最終的に技術指導料4・5%に対し、経営指導

優れた経営力には莫大な価値がある

料3%を支払うことで妥結している。

戦後10年も経たない敗戦国・日本でこれほどの主張をしたところに幸之助の凄さと「経営」に対する並外れた自信が感じられる。

幸之助にとって経営とは、時々刻々と変化する社会情勢や経済情勢に即応し、一歩先んじながら次々と手を打っていく、「生きた総合芸術」だった。

価値ある経営は莫大な利益を生むだけでなく、世の中をより良いものに変えていく力ももっている。

経営とは幸之助がそうであったように、**まさに全身全霊を注いで打ち込むに値する素晴らしい芸術なのである。**

第77話

不景気こそ「千載一遇のチャンス」と考える

不景気時に打った手が、好況になった時大きな差となる

ものごとがうまくいっている時は、「自分は何でもできる」とばかりにあれもこれもと手を出す割に、うまくいかなくなった途端「もうダメだ」とすぐに投げ出す人がいる。

一方、不景気というのは商売をしている身にとっては大変ではあるものの、「不景気もまた良し、不景気だからこそ面白いんだ」と前向きに考えることができる人もいる。

これが松下幸之助だ。

「世間が不景気なのだから、自分の店が不景気なのは仕方がないことだ」と簡単に諦めてしまうようでは、さらにものは売れなくなるし、店もダメになってしまう。

そうではなく、「世間が不景気でもやれることはいくらでもあるだろう」と考えて、たとえば忙しい時にはできなかった店の整理整頓を徹底したり、サービスの質を改善するための社員教育を行う。

つまり、「今しかできないこと」に取り組めば、それだけ店も良くなるし、働いている

不景気さえもチャンスと捉えよ

人の質も向上する。

しかも、「不景気だから仕方がない」と考えているだけで手を打たない人も少なくないため、景気が戻ってきた時は、不景気時に打った改善が大きな差別化ポイントとなる。

いわば、**「不景気こそ発展の千載一遇の好機」であり、経営者はこうした「今できること」を「寝ても覚めても考えねばならない」というのが幸之助の信念だった。**

どんな時もリーダーは諦めることなく、一歩でも前に進む意識をもつことが大切なのである。

コラム6 中村邦夫と松下幸之助

平成12年（2000）に、松下電器社長に就任した中村邦夫は「破壊と創造」をスローガンに同社の構造改革を推し進めた。その他、「パナソニック」への社名変更や、三洋電機の子会社化を主導したのも中村である。

別名「幸之助神話を壊した男」とも呼ばれ、批判されることも多いが、中村自身は入社３年目、名古屋営業所に勤務していた頃に、伝説の熱海会談に出席している。

そして、代理店の経営者から聞いた、松下幸之助と代理店の「真剣勝負」に強く心を打たれ、「そこが（創業者の）すごいところです」と感じ入ったという。

その後、社長となった中村は「改革しなければ批判されるだろうし、やればやったでボロクソですわ」という改革に取り組むことになる。

この当時、中村は京阪電鉄の西三荘駅近くにある松下電器歴史館（現パナソニックミュージアム）を訪れては松下幸之助の写真の前にたたずみ、幸之助の写真をじっと見つめることが多かったという。

中村が壊したのは幸之助の理念ではなく、幸之助がその時代に合わせてつくり上げた仕組みである。

理念は不変でも、仕組みは「日に新た」でなければならない。

偉大な創業者の言動は伝説となり、決して変えてはいけないものと誤解されやすい。

松下幸之助が今生きていれば、「雨が降れば傘をさす」とばかりに、新たな傘を次々とつくり上げたかもしれない。

第7章

人生で本当に大切なこと

第78話 全ては「決意」から始まる

「できる」「できない」ではなく「やる」という強い心をもつ

好不況にかかわらず、企業が発展していくには、少々のことではびくともしない余裕やゆとりのある経営をすることが不可欠だ。

それを松下幸之助は水を蓄えるダムにたとえ、「設備のダム」「資金のダム」「人員のダム」「在庫のダム」「技術のダム」「企画や製品開発のダム」など、いろいろな面にダムを持つことで余裕、ゆとりをもった経営をしようと提唱した。有名な「ダム経営」である。

たとえば、設備であれば100％操業しなければ赤字になる工場ではなく、80％や90％でも採算が取れるようにしておくと、不況に強い企業になることができる。ちなみにトヨタ自動車は70％でも黒字が可能な体質だ。

このように、ダムを多くの面で備えていればいるほど、企業は好不況に関係なく発展できるというのが、幸之助の考え方だ。

この「ダム経営」の考え方は大きな反響をよんだが、中には「それは松下さんだからできることで普通の企業ではとても無理だ」と

「できるかどうか」ではない、「やる」と決心する

やる!! と決心する。
「決心」の問題です
できるかなあ
えー、
そんなのムリだよ
松下さんだから
できるんでしょ
そうか!
やるぞ!!

反論する人もいた。そんな人に向かって幸之助は「**それはあなたの決心の問題ですよ。そういうことをやらねばと決意すれば、それなりにできるものです。もっと強い心をもたないとだめですよ**」と「心のダム」「ダム意識」の大切さを説いた。

大切なのは**「今、余裕があるかどうか」ではなく、「余裕をもてるように経営しよう」という「心のダム」であり、それがあれば企業の実態に応じていろいろ考え工夫することで具体的なダムが生みだされるというのが幸之助の考え方だった**。

そして、この考え方に感銘を受け実践したのが京セラの創業者・稲盛和夫である（P108参照）。全ては「こうありたい」と決意することから始まるのである。

第79話

「成功」するまで続けるから「成功」する

失敗の多くは、成功する前に諦めてしまうから

「発明王」トーマス・エジソンは生涯に1000を超える特許を取得しているが、最大の特徴は失敗を失敗とも思わない諦めの悪さにあった。こう言っている。

「俺は運なんぞ信じちゃいない。幸運も不運もだ。たいていの連中は何回か試すと諦めちまう。だがこの俺は、狙った結果が出るまでは絶対に諦めない。自分が不運だと思う奴らとこのエジソンとの違いはただそれだけのことさ」

松下幸之助は22歳で独立し、自分で考案したソケットの製造販売を始めるが、4ヶ月かけてつくったソケットも、売れたのはわずか10円足らずだった。

これでは仕事を続けるどころか、明日の生活にも窮することになる。

共に仕事を始めた仲間は去り、普通は「もうダメだ」と見切りをつけるところ、幸之助は粘り続けた。そこにソケットの技術を生かして扇風機の碍盤《がいばん》をつくってくれないかという

結局、諦めない人が成功する

今月は
課の目標達成が
難しそうです
そうか
月末まで
後2日だし
どうするか……
すぐ諦めてしまうリーダー
最後の最後まで諦めないリーダー
そうですね
わかりました……
今月は諦めて
来月がんばろう
ハイ!!
すぐに電話
します!!
後2日ある!!
諦めずA商会に
電話してくれ

う注文が舞い込み、息を吹き返す。

その後も苦難の連続だったが、幸之助は決して諦めることはなかった。

そして、がんばり続けることで成功を手にし、こう言っている。

「私たちの身の回りにある失敗というものの中には、成功するまでに諦めてしまうところにその原因がある場合がきわめて多いように思います。今日諦めてしまえば、明日の成功は決してあり得ないのです。一たび志を立てた以上、最後の最後まで諦めない。成功とは成功するまで続けることである」

結果が出ず、さっと身を引く人はスマートに見える。しかし、誰もが諦めていく中、「後一回」と粘る人こそが、最後の勝利を手にすることになる。

第80話

1日2回「けじめ」を付けると、良い知恵が生まれる

1日を良い形でスタートし、良い形で終える習慣をもつ

アップルの創業者スティーブ・ジョブズは、17歳の頃から毎朝鏡を見つめて、こう自問自答していた。

「もし今日が人生最後の日だったら、今日やろうとしていることをやりたいと思うか？」

答えが「ノー」なら、何かを変える必要がある、と自分に言い聞かせていた。

また、イギリスのあるサッカー選手は、寝る前にはやはり鏡に向かって「自分はチームのために精一杯がんばったか？」と問いかけてからベッドに入ることを習慣にしていた。

朝は始まりの、夜は寝る前の、ある種の「けじめ」をつけていたのである。

こうしてけじめをつけることで1日は良い形で始まり、良い形で終えることができる。

松下幸之助も日頃から「けじめ」を大切にしていた。

たとえば、朝起きて顔を洗ったら、仏前に座って手を合わせる。夜は夜でけじめをつける。

日頃から、朝と晩にけじめをつける習慣をもつ

何事をするにもけじめが大切で、けじめのない暮らしはだらしないものになり、良い知恵も生まれないというのが幸之助の考え方だった。こう言っている。

「**立派な土手も蟻の一穴から崩れるように、大きな商売も、ちょっとしたけじめの緩みから崩れる。だから常日頃から、小さいことにもけじめをつけて、キチンとした心掛けをもちたい**」

けじめをつけない経営は、いつかはどこかで破たんするという。

形にとらわれる必要はないが、朝と晩、せめて1日2回はけじめをつけよう。

そんな習慣の積み重ねが、人生をより良いものにしてくれる。

第81話

あなたは逆境の時にへこたれる人か？立ち向かう人か？

成功する人は、逆境が訪れた時に全力で立ち向かう

日本は地震や水害など自然災害の多い国である。かつては気象観測網の未発達などから甚大な被害が出た。

そして今日では、「100年に一度」の水害が毎年のように各地で頻発している。

昭和9年（1934）、大型台風の室戸台風が日本を襲い、松下電器のある近畿地方も甚大な被害を受けた。

本社は一部損壊、乾電池工場は全壊、配線器具工場も全壊などかなりの被害が出た。

工場長が、夫人が入院する病院から駆けつけた松下幸之助を、被害の大きかった工場へ案内しようとすると、幸之助はただひと言こう言った。

「君なあ、こけたら立たなあかんねん。ちっちゃい赤ん坊でもそうやろう。こけっぱなしでおらへん、すぐ立ち上がるで。そないしいや」

幸之助は被害を嘆くのではなく、すぐに再建に立ち向かうという決意を示すことで社員

逆境にへこたれてはいけない。不屈の闘志で立ち向かえ

を奮い立たせたのだ。

さらに、同じように被害の大きかった得意先の問屋や販売店に対しても見舞金を届けるように指示をした。

社員は見舞金を持って大阪市内の得意先などを訪ねている。

発明王のトーマス・エジソンは67歳の時に研究所と工場を火災で失っているが、その時、幸之助同様に「私は67歳ですが、明日また一からやり直します」と、直ちに工場の再建に取りかかっている。

人生には幾度もの逆境が訪れるが、そんな時にも幸之助やエジソンのように不屈の闘志で前向きに生きられるかどうか。

それこそが、さらなる成功をもたらす鍵となる。

第82話

「集中」は成功の源、「分散」は失敗の原因

一つに集中するからこそ、圧倒的成果を生み出せる

「男は生涯において一事を成せばいい」は、日露戦争においてロシアのコサック騎兵隊を相手に互角の戦いを演じ、日本に勝利をもたらした「騎兵隊の父」秋山好古《あきやまよしふる》の言葉である。

好古は日頃からわき目もふらず一途に打ち込む大切さを説いていたが、その理由は「科学や哲学はヨーロッパの中世の僧院の中で起こったが、その理由は彼らが独身でありわき目もふらずに精進したからだ」というものだった。こう言っている。

「凡庸な者でも、一心不乱である限り多少のものごとを成し遂げるものである」

松下幸之助も、あれもこれもと手を広げる多角化より、専業化こそが事業に成功をもたらすと信じていた。

多角化して、いくつもの部門をもつと、どこかが業績が上がらなくても、他の部門の成果でカバーできるため、つい「一つぐらいうまくいかなくても他でカバーすればいいい」と

成功に必要不可欠なものは「集中」
分散思考の人
集中思考の人
Aがうまく
いかなくても
BとCがうまく
いけばいいや
A案
B案
C案
自分は
これ一つに
賭けよう!!
あれれ……
全部ダメに
なっちゃったよ
A案
B案
C案
ヤッター!!
大成功

いう甘えが生まれかねない。

一方、「自分はこれ一つに賭けよう」という強い意志があれば「何が何でも成功しなければ」と懸命に取り組むことができる。

幸之助は松下電器が巨大化する中で、事業部制をいち早く取り入れたのは、**それぞれの事業部が「一つに集中する」体制こそが全てを強くすると信じていたからである**。

マイクロソフトの創業者ビル・ゲイツによると、**成功のために最も必要なものの一つは「集中」だという**。

人生において「これがやりたいことだ」と気づいたなら、一心不乱にやってみるといい。好きだからこそ夢中になれるし、夢中だからこそ情熱をもって取り組むことができる。

第83話

「どちらが得か」ではなく「何が正しいか」

本当の勇気は「何が正しいか」というところから生まれる

京セラの創業者・稲盛和夫はかつて日本電信電話公社（現・NTT）が独占していた電気通信事業に風穴を開けるべく第二電電（現・KDDI）を設立している。

その際、毎晩ベッドに入る前に「動機善なりや、私心なかりしか」と心の中に問い続けることで設立する決断を下したという。

自分の名前を残したいという欲はないか、本当に国民のためなのかと問い続けることで、「これは正しい決断だ」と確信したからこそ、大事業に踏み出す勇気が湧いたという。

会社であれ、商店であれ、経営にあたる者には「勇気」が必要だ、というのが松下幸之助の考え方だ。

経営をしていれば時に厳しい決断をしなければならないこともある。

そんな時、「自分のためにどっちが得か」とか「人から非難されるのは嫌」といった「わが身可愛さ」から出た決断は、概ね間違

決断する時は損得で考えてはいけない
私欲のリーダー
私心のないリーダー
これ
儲かるかなあ
これをやると
得をするかなあ
新規事業
世の中の役に
立つ事業にするぞ!!
新規事業
あれ!?
うまくいかなく
なってきたぞ
新規事業
うまくいったぞ
新規事業

えることになる。

そうならないためには勇気が必要だが、その勇気は一体どこから湧いてくるのだろうか？　こう言っている。

「本当の勇気は、何が正しいかというところから生まれるものだと思うんです」

決断をする時には、自分の損得を脇において考えることが何より大事である。全体のために何が必要で、何が正しいかを考える。

そうすることで、正しいことに基づいて行動しているのだという信念が生まれ、本当に強い勇気、力が湧いてくることになる。

また、仮に周囲に強い反対があったとしても、断行することができる。

判断に迷った時、問うべきは「どちらが得か」ではなく「何が正しいか」なのである。

第84話

「一足飛び」ではなく「一歩、一歩」着実に

倦まず、たゆまず、愚直に一歩一歩進む

スポーツの世界で大成したいなら、派手なパフォーマンスを身に付けることよりも、基礎基本となる練習を繰り返し繰り返し身に付けることが大切だという。

ところが、中には過信なのか、焦りなのか、一歩ずつ上るべきところを二段、三段飛ばしてかけ上がろうとする者もいる。

こうした選手は一時的な人気は得られたとしても、少し足を踏み外しただけで階段を真っ逆さまに転げ落ちることになる。

松下幸之助は独立して商売を始めた時、最初から世界の松下電器をつくろうなどと考えていたわけではない。自分が勤め人時代に考案したソケットを売りたいという思いと、食うための心配をしなくてすむようにというささやかな願いから事業を始めている。

「せめて、今日食うものがあってほしい。せめていつ休んでも、収入がすぐになくならんような小商売でもしたいというような、ごく平凡なところから私は出発しているんです」

派手なウサギではなく、愚直なカメになれ

焦って失敗するウサギ
2段くらい飛ばしたってヘッチャラだ
ワワッ踏み外しちゃった
グラッ
愚直に一歩ずつ進むカメ
1段ずつ着実に上るぞ
ヤッター!! 着いたぞ〜!!

昨今のＩＴ起業家とはまるで違う、あまりにささやかな一歩である。ところが、そこから二歩、三歩と進むうちに幸之助は「企業家の使命」に目覚めることになり、徐々に事業を拡大、多くの人を雇うようになっている。

しかし事業が大きくなると、人は一足飛びを夢想してあれこれ手を広げたくなる。

ただ幸之助は、あくまでも堅実だった。こう言っている。

「一を二とし二を三として一歩一歩進んでゆけば、ついには彼岸に到達するだろう」

ウサギの歩みの見た目は派手だし、格好いい。

しかし、**最後には倦《う》まず、たゆまず、愚直に、一歩一歩進むカメが大きな成功を手にすることになる。**

第85話 松下幸之助流 人生最悪期の乗り越え方

こけてもいい。必ず立ち上がるという強い気持ちをもて

松下幸之助は小学校を中退して丁稚奉公に出るなど、幼い頃から様々な苦労を経験している。

中でも最も苦しかったものの一つが、終戦後GHQによって財閥指定をはじめ7つの制限を課せられ、経済活動はおろか、資産を動かすこともできなくなったことである。

戦後の5年間で松下電器の負債は10億円に達し、税金面でも一時税金滞納ナンバーワンとなっている。

また、それまでどんなに苦しくてもやらなかった人員整理も行うなど、幸之助にとって耐えられないほどの苦難に陥り、「もう投げ捨ててしまおうかというところまでいったけれども、投げ捨てなかった」と言っている。

それどころか最も苦しいはずの昭和21年（1946）、幸之助はPHP研究所をつくり、『PHP』誌を発刊している。

当時の幸之助は「自殺でもせねばならんような状態」だったが、その中でも「混沌とし

苦しみの裏面は「希望」と「成長」である

た世相を何とか根本的に直したい」と考え誕生したのが「繁栄によって平和と幸福を」というPHP（ピース・アンド・ハピネス・スルー・プロスペリティ）の研究だった。

「苦しいこともありましょうが、苦しむこともよろしいと思うんです。苦しまねばならんと思います。しかしその最後に、それに堕《だ》してしまってはならない、苦しさだけに堕してしまってはならない。そこでやはり何らかの境地を開いて、そしてもう一ぺん立ち上がらないといかん」

苦しくて「ええい、やめてしまえ」となるか、もっと深く考えて「これは何よりの勉強だ」となるか、そのどちらを選ぶかで人間は大きく変わる。

第86話

「この仕事をするために生まれてきた」という使命感をもつ

あなたが今の仕事をやっているのは、ある種運命的な出会いである

松下幸之助が22歳で電気器具の製造を思い立ち、勤めていた電灯会社を退職して自営の道へと進んだのは自らの意志であり、成功したのも本人の熱意があったからだ。

しかし、幸之助自身は「どうもそれだけではなかったような気がする」として、こう振り返っている。

「もし私がもう2、30年早く生まれていたとしたら、おそらく電気器具の製造をしようといったことは考えなかったに違いありません」

「ある特定の仕事をなすということは、やはりその仕事をなすに相応しい時代に生まれなければ、できないでしょう」

幸之助が起業したのは大正6年（1917）のことである。トーマス・エジソンが白熱電灯の実験に成功してから約40年後のことで、世はまさに「電気の時代」に突入していた。そう考えると、確かにもう少し早く生まれていたら、幸之助は別の道を選んだはずだ

どんな時代にもあなたに合った仕事は必ずある

し、もう少し遅く生まれていたら、自動車やITの世界に進んだかもしれない。

仕事や人生には、自分の意志だけでなく、運命的な力も関係し、かつ人間はどんな時代に生まれ合わせても、その時代に応じて活動し、自分を活かしていくことができる。

しかし、「ある特定の仕事をなすということは、やはりその仕事をなすに相応しい時代に生まれ合わせる」ことが重要だ。

そして、**そこに多少なりとも運命の影響があるとすれば、この仕事をするために自分は生まれてきたというある種の使命感をもって生きていくことだ**。

人はどんな時代でも生きていけるが、「これは運命だ」と言えるほどの出会いがあったなら、全力でつかみ活かしていけばいい。

第87話 困難にへこたれない心は、「感謝」から生まれる

どんな状況にも踏ん張りがきく人は、「感謝」できる人

松下幸之助によると、子ども時代は「苦労の思い出だけが多い」という。

明治27年（1894）、幸之助は8人兄弟の末っ子として生まれた。生家は、村では旧家に属する部類で、暮らし向きも良かった。幼い頃は、子守りに背負われていたほどだから幸せな子どもである。

運命が暗転するのは、父親が米相場に手を出して失敗、祖先伝来の家や土地を手放してからである。兄や姉も次々と病没、幸之助も小学校4年の暮れに火鉢屋の丁稚奉公に出るほど苦しい生活を送った。当時を振り返って、「寂しさは誠に耐えがたいものだった」と言っている。

こうした子ども時代の苦労を経て経営者となったため、幸之助には少々のことではへこたれない強さがあった。

終戦後、戦時中の軍への協力が原因で松下電器は財閥指定をはじめ7つの制限が課せられ、経済活動も資産を動かすこともできなく

生きていることへの感謝があれば、逆境またよしとなる

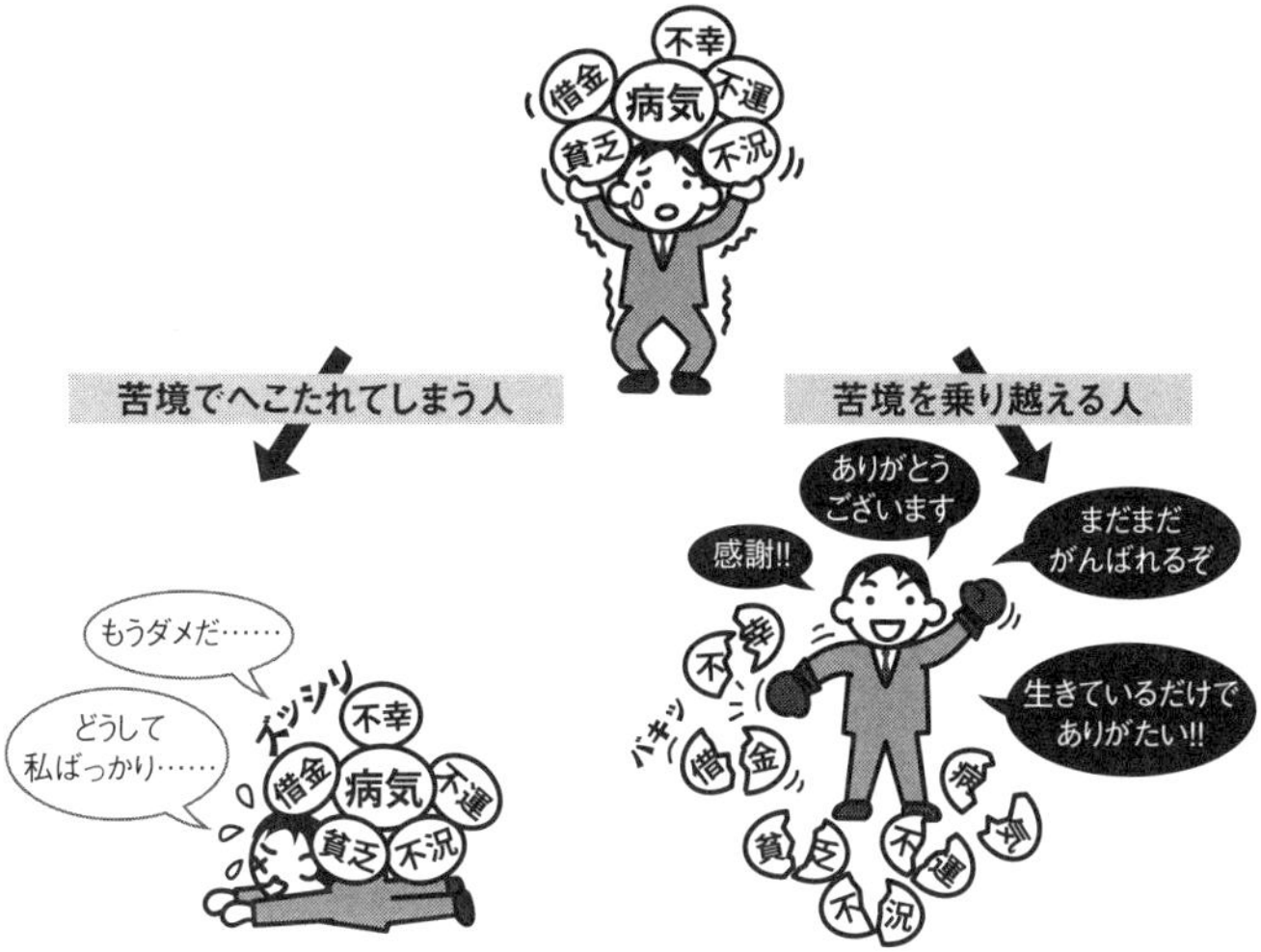

なったことにはすでに触れた。

普通はこれほどの苦難にあえば、へこたれるものだが、幸之助は「これでも死んでる人よりましや、弾にあたって死んだ人もたくさんあることを思えば、ありがたいことや」と「歓喜をもってこの困難に取り組んでいこう」と自分を奮い立たせている。そして、こう言っている。

「窮状に陥っても悲観しないことです」

幸之助は幼い頃から数々の苦難を味わってきたが、自分より不幸な人のあることを知って、僕は恵まれていると悲観せず働いた。

生きていればつらいことはたくさんあるが、それでも**「生きていることに感謝」することで、人は「あとちょっとだけ」がんばることができる**。

第88話

立場が上の人ほど学ばなければ、「過去の人」となる

明日は素人に転落するかも、という危機感があるか

企業の管理職を対象としたコーチングなどを行っている人によると、日本企業の特徴の一つは、最もよく学ぶのは新入社員時代で、昇進するにつれて学ぶ機会が極端に減ってくることだという。

確かに新入社員に限らず、若手社員を対象とした研修や通信教育などは充実しているのに対し、課長、部長になると、その機会は減り、役員ともなると学びの機会はほとんどない。

上の人が学ぶかどうかは本人次第ということだろうが、これでは変化の激しい時代に生き残るのは難しい。

確かに出世する人にはたくさんの経験があるのだろうが、果たしてそれだけで的確な判断は可能なのだろうか？　松下幸之助はこう指摘している。

「『自分は仕事のプロである』と言い切れるだけの自信と実力を持たなければならない。しかもそれは、世の中がどんどん進みつつあ

今日はプロでも明日になったら「過去の人」

今日はプロでも明日は過去の人
隅田部長
今度のマーケティングの研修会、
参加されませんか?
必要
ないね!
エッヘン
半年後
隅田部長、
今度の新商品
の販促について
ですが……
僕に聞かれても
困る!
こりゃ
あかんわ……
プロとして不断の努力を続ける人
山口部長、
今度のマーケティングの研修会、
参加されますか?
もちろん!
僕も勉強
させて
もらいます
半年後
山口部長、
今度の新商品の
販促施策ですが……
SNSを
使って告知すると
拡散力が
増すので……
さすが……

りますから、その速い世の中の動きに刻々についていけるだけの実力でなければなりません。今日の仕事のプロとしての実力が、明日は素人の域に転落するといったことさえ起こる可能性が十分あるわけです」

幸之助によると、学ばなければならないことは無限にあり、**特に幹部社員ともなると、自分の実力について絶えず自問自答することが欠かせない**。

確かに過去の成功があるからこそ人は出世するわけだが、たとえ出世しても過去のやり方や知識にとらわれていると、あっという間に「過去の人」となってしまう。

大切なのは、絶えず自分の実力の「涵養《かんよう》」を図っていくことである。そうすれば人間の考え、実力の伸びは際限がないのである。

第89話 自分の意思や考えなしに、人の力を借りようとしてはいけない

自力のある人こそが、他力を使いこなすことができる

松下幸之助は戦後、フィリップス社との技術提携契約を結ぶことで自社の技術力を高めることに成功しているが、一方で「自らの考案、労作にあらずして、本当の考案はあり得ない」とも話している。

昭和26年（1951）、渡米した幸之助はアメリカで最新式といわれる乾電池の製造機械を購入した。その後2度目の渡米に際してある乾電池工場を見学したところ、最新式といわれて購入した機械が、その工場では一番古い機械となっていることを知り驚いた。

幸之助は、だまされたわけではない。一般的に一流メーカーは自社で考案した最新式の機械を使って製造を行っている。しかし、それは外には公開していない。そうすると、市販されている機械は、どうしても最新式のものに比べれば古いものになってしまう。

つまり、幸之助が購入したのは、市販されている機械の中では最新式だったが、一流メーカーが使う機械と比べると性能が劣ってい

自分の意思なしに他人を頼ってはいけない

自分の意思なしに他人に頼る人
トップ営業の上杉にトークを学んでこい!!
はい……
マネすればいいんだな
上司
今回は見送ります
上杉さんのトークをマネているのに結果が出ない
なぜだろう?
得意先
自分の意思をもって他力を活かす人
上杉さんの営業実績はすごい
勉強させてください
いいですよ
上杉さんのすごさはトークではなく聞く力にあったのか!!
自分が話すのではなくまず聞くんです

たのだ。

こうした経験を通して幸之助は、こう考えるようになった。

「自主的な気構えなしに教えを受けようとしたり、自らの意思なしに他人の力や金に頼るのは力の弱いものである」

昭和28年（1953）、幸之助は松下電器内に中央研究所を新設、そこで基礎研究をはじめ、新しい機械設備の開発なども行うことにした。

他者の力を借りるのは決して悪いことではない。大切なのは、**自力を鍛えることであり、自力があってこそ他力を使いこなすことができる。**

そうしてこそ、わが道を切り開いていくことができるのだ。

第90話 お金は、儲けようとして儲かるものではなく、自然と儲かるもの

「これでいくら儲かるか」よりも「これでどれだけの人が喜ぶか」

松下幸之助は、企業としての赤字を絶対に容認しないなど、お金に対して非常に厳しいところがあった。それは「日本一のお金持ち」の座を何年も守るほどであり、「幸之助＝お金持ち」は広く知られていた。

しかし、幸之助が「金儲け」に執着していたかというと、そうではない。

たとえば、製品開発にあたって幸之助は、こんな風に考えていた。

「ものをつくる時でも、これでなんぼ儲かるかいうてつくるよりも、これをつくったら皆が喜ぶやろなあと、考える」

世の中には、確かに投機などでぼろ儲けをする人がいる。あるいは、いい加減なものをつくって一時的に儲ける人もいる。

しかし幸之助は「実質なき者は必ず潰れていく」として、常に「お前自身は利害にとらわれたらあかんぞ」「利害にとらわれたら男がすたるぞ」と自分に言い聞かせるほど、**「いくら儲かるか」よりも「どうすれば社会**

お金は儲けようとして儲かるのではない。自然と儲かるもの

のためになるか」を重視するようにしていた。

そして、それでも儲かるのが幸之助の凄さだった。こう言っている。

「お前は金儲けてるやないかと、こう思われるかもしれませんが、あれは自然に儲かるんです。金というものは、儲けようとして儲かるもんやないですよ」

さらに幸之助はお金を儲けること以上に、お金を使うことの難しさをよく知っていた。お金や権力を持つ者には、それを上手に使う義務がある。

幸之助は数々の慈善事業に加え、事業においても「経済性は第二義として、過疎地に工場を建てる」など、常に社会のため、人々のためを考え続けた経営者だった。

第91話

人と比べるのではなく、天から与えられた道を生きる

あなたには、あなたしか進めない道がある。その道を進め

素敵な人、うまくいっている人を見て、「あんな風になりたいなあ」と思ったことはないだろうか。その人と自分を比べて、「もうちょっと顔やスタイルが良かったらなあ」「もし家が金持ちだったらなあ」「もう少し勉強ができればなあ」と羨《うらや》んだことはないだろうか。その感情は自然に湧き上がってくるものであり、決して悪いものではない。

しかし、それがいきすぎてしまうと理想と現実のギャップで自分自身が苦しんでしまうことになるので注意が必要だ。

人生で大切なのは、「自分には自分に与えられた道がある」と覚悟を決め、一歩一歩懸命に歩むことである。

松下幸之助はこう言っている。

「自分には自分に与えられた道がある。天与の尊い道がある。他人の道に心を奪われ、思案にくれて立ちすくんでいても、道は少しも開けない。道を開くためには、まず歩まねばならぬ、心を定め、懸命に歩まねばならぬ」

あなたにしか歩けない、天から与えられた道を歩こう

他人の道を羨んだところで、人それぞれに与えられた天分がある。だから「あの人」とあなたが同じ道を歩むのは難しい。

あの人にはあの人の天分があり、あなたにはあなたの天分があるからだ。だから、あなたがあの人と同じ道を歩む必要はない。

大切なのは、**あれこれよそ見をしたり、ないものねだりに時を費やすことではない。**

自分に与えられた天分をそのまま完全に活かし切ることだ。自分だけしか歩めない道をしっかりと歩み続けることだ。

成功の姿は人それぞれだが、はっきり言えるのは、**自分の天分を活かし、自分の道を歩んだ先にあるものこそが「人間としての成功」なのである。**

著者略歴

桑原　晃弥（くわばら　てるや）

1956年、広島県生まれ。経済・経営ジャーナリスト。慶應義塾大学卒。業界紙記者などを経てフリージャーナリストとして独立。トヨタ式の普及で有名な若松義人氏の会社の顧問として、トヨタ式の実践現場や、大野耐一氏直系のトヨタマンを幅広く取材、トヨタ式の書籍やテキストなどの制作を主導した。一方でスティーブ・ジョブズやジェフ・ベゾスなどのIT企業の創業者や、本田宗一郎、松下幸之助など成功した起業家の研究をライフワークとし、人材育成から成功法まで鋭い発信を続けている。著書に、『スティーブ・ジョブズ名語録』（PHP研究所）、『スティーブ・ジョブズ結果に革命を起こす神のスピード仕事術』『トヨタ式「すぐやる人」になれる８つのすごい！仕事術』『（笠倉出版社）、『ウォーレン・バフェット巨富を生み出す７つの法則』（朝日新聞出版）、『トヨタ式５Ｗ１Ｈ思考』（KADOKAWA）、『１分間アドラー』（SBクリエイティブ）、『amazonの哲学』『トヨタはどう勝ち残るのか』（大和文庫）などがある。

監修者略歴

小田　全宏（おだ　ぜんこう）

株式会社ルネッサンス・ユニバーシティ代表取締役。NPO法人日本政策フロンティア理事長。認定NPO法人富士山世界遺産国民会議 運営委員長。一般社団法人未来音楽企画 理事長。一般社団法人アクティブ・ブレイン協会会長。一般社団法人ジャパン・スピリット協会代表理事。1958年、彦根市生まれ。東京大学法学部を卒業後、（財）松下政経塾に入塾。松下幸之助翁指導のもと、一貫して人間教育を研究。1991年、株式会社ルネッサンス・ユニバーシティを設立。多くの企業で「陽転思考」を中心とした講演と人材教育実践活動を行い好評を博す。1996年には、リンカーン・フォーラムを設立し、全国で立候補者による＜公開討論会＞を実現させる。また、京セラの稲盛和夫名誉会長を最高顧問に迎え、NPO法人「日本政策フロンティア」を設立し理事長を務める傍ら、認定NPO法人「富士山世界遺産国民会議」運営委員長として世界遺産登録の実績を残す。2004年より始めた「アクティブ・ブレインセミナー」は全国で好評開催中。作曲もてがけ、2011年２月、サントリーホール大ホールにて、自作の交響組曲「大和」をオーケストラの演奏で指揮をする。2019年（令和元年）一般社団法人ジャパン・スピリット協会設立、代表理事となる。日本の「共生（ともゆき）」の心を伝えるために東奔西走中。

松下幸之助「困難を乗り越えるリーダー」になれる７つのすごい！習慣

2020 年 12 月 9 日　初版発行

著者　　桑原晃弥
監修者　小田全宏
発行人　笠倉伸夫
編集人　新居美由紀
発行所　株式会社笠倉出版社
〒 110-8625
東京都台東区東上野 2-8-7　笠倉ビル
営業☎ 0120-984-164
編集☎ 0120-679-315
印刷・製本　株式会社光邦

ISBN 978-4-7730-6115-4